KB199805

사회통합
프로그램

중간평가 · 종합평가

작문시험

완전 정복

머리말

편저자 씀

2024년 법무부가 발표한 출입국 통계 자료에 따르면, 한국에 체류하는 외국인의 수가 265만 명을 넘었습니다. 이는 한국의 위상이 높아짐에 따라 국내 체류 외국인도 증가하고 있음을 보여줍니다. 외국인이 한국 사회에 자리를 잡고 정착하기 위해서는 언어적·사회적 소통이 매우 중요합니다. 따라서 입국 초기부터 한국어와 한국 문화에 대한 이해와 체계적인 교육이 필요합니다.

이에 법무부는 이민자들이 안정적으로 한국 사회에 정착할 수 있도록 '사회통합프로그램'이라는 교육 프로그램을 운영하고 있습니다. 한국에 거주하는 외국인이라면 누구나 사회통합프로그램 '한국어와 한국 문화' 교육과 '한국 사회 이해' 교육을 받을 수 있습니다.

사회통합프로그램은 단계별로 차이가 있지만, 중간평가와 종합평가에서는 필기시험, 작문시험, 구술시험이 실시됩니다. 필기시험도 어렵지만 학습자들이 특히 어려워하는 부분은 작문시험입니다. 작문시험을 어떻게 준비해야 할지 막막해하는 학습자들을 위해 『사회통합프로그램 중간평가·종합평가 작문시험 완전 정복』을 출간했습니다. 이 책의 특징은 다음과 같습니다.

첫째 작문시험에 자주 출제되는 내용을 뽑아 총 30개의 주제로 구성했습니다.

둘째 글을 쓸 때 주의사항을 '쓸Tip', '다시 확인하기', '체크리스트'로 확인할 수 있습니다.

셋째 한 가지 문제에 여러 유형의 답안을 제시하여, 답안 작성 전략을 익힐 수 있습니다.

넷째 사회통합프로그램의 모든 작문시험을 완벽하게 준비할 수 있도록 총 10회분의 모의고사를 수록했습니다.
      (중간평가·종합평가 각 5회분)

다섯째 원고지를 수록하여 학습자가 직접 글을 쓰면서 연습해 볼 수 있습니다.

끝으로 이 책으로 공부하는 모든 분의 합격과 즐거운 한국 생활을 기원합니다.

편저자 씀

한눈에 보는 사회통합프로그램 평가 신청 방법

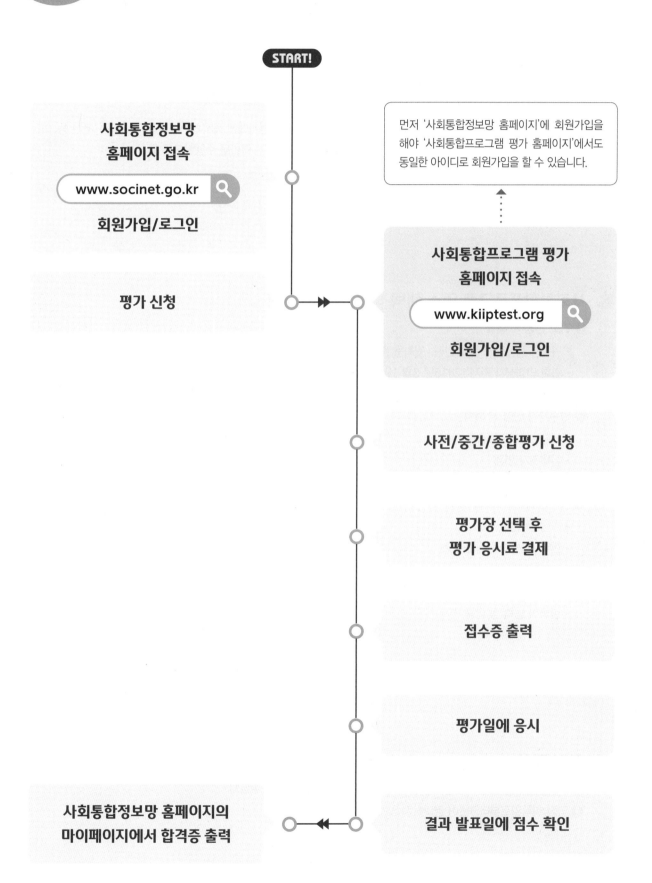

START!

**사회통합정보망
홈페이지 접속**

www.socinet.go.kr

회원가입/로그인

평가 신청

먼저 '사회통합정보망 홈페이지'에 회원가입을
해야 '사회통합프로그램 평가 홈페이지'에서도
동일한 아이디로 회원가입을 할 수 있습니다.

**사회통합프로그램 평가
홈페이지 접속**

www.kiiptest.org

회원가입/로그인

사전/중간/종합평가 신청

**평가장 선택 후
평가 응시료 결제**

접수증 출력

평가일에 응시

**사회통합정보망 홈페이지의
마이페이지에서 합격증 출력**

결과 발표일에 점수 확인

※ 관련 규정과 세부 내용은 변경될 수 있으며, 자세한 사항은 사회통합정보망 홈페이지를 참고하시기 바랍니다.

사회통합프로그램 안내

※ 모든 규정과 세부 내용은 변경될 수 있으니 자세한 사항은 관련 홈페이지를 참고하시기 바랍니다.

사회통합프로그램이란?

❶ 대한민국에 체류하는 이민자가 한국 사회의 구성원으로 적응·자립하는 데 필요한 기본 소양을 체계적으로 함양할 수 있도록 마련한 교육임.

❷ 법무부 장관이 지정한 운영기관에서 소정의 교육을 이수한 이민자에게 체류허가와 영주권·국적 부여 등 이민정책과 연계한 혜택을 제공하여 이민자 사회통합 정책의 핵심적인 역할을 수행하도록 함.

사회통합프로그램 이수 혜택

❶ 귀화 신청 시 혜택
- 귀화용 종합평가 합격 인정: 귀화용 종합평가 합격자
- 귀화 면접심사 면제: 2018년 3월 1일 이후부터 귀화용 종합평가 합격자만 해당

❷ 영주자격 신청 시 혜택
- 기본 소양 요건 충족 인정
- 실태조사 면제

❸ 그 외 체류자격 신청 시 혜택
- 가점 등 점수 부여
- 한국어 능력 등 입증 면제

❹ 사증(VISA) 신청 시 혜택
- 한국어 능력 등 입증 면제

참여 대상

❶ 외국인등록증 또는 거소신고증을 소지한 합법 체류 외국인 또는 귀화자

❷ 국적 취득일로부터 3년이 경과하지 않은 귀화자

❖ 사회통합프로그램 교육 과정 및 이수 시간

① 한국어와 한국 문화(0~4단계)

- 사전평가 결과에 따라 교육 단계 배정, 한국어능력시험(TOPIK) 등급 소지자는 프로그램에서 동일 수준의 단계를 인정받아 교육 단계 배정
- 0단계(기초), 1단계(초급1), 2단계(초급2), 3단계(중급1), 4단계(중급2)로 구성

② 한국 사회 이해(5단계)

- 기본 과정, 심화 과정 2단계로 구성
- 각 과정 이수 후 영주용 종합평가, 귀화용 종합평가 응시

단계	한국어와 한국 문화					한국 사회 이해	
	0단계	1단계	2단계	3단계	4단계	5단계	
과정	기초	초급1	초급2	중급1	중급2	기본	심화
이수 시간	15시간	100시간	100시간	100시간	100시간	70시간	30시간
평가	없음	1단계 평가	2단계 평가	3단계 평가	중간평가	영주용 종합평가	귀화용 종합평가
사전 평가 점수	구술시험 3점 미만 (필기점수 무관)	3~20점	21~40점	41~60점	61~80점	81~100점	–

※ 2018년 9월 21일부터 사전평가 85점 이상 득점자는 바로 영주용 종합평가 신청이 가능합니다.(단, 5단계 기본 과정 수료 없이 영주용 종합평가에 합격하더라도 이수 완료로는 인정되지 않음)

※ 2021년 8월 16일부터 이수 시간이 변경되어 위와 같이 진행되며, 변경 이전의 교육 과정과 이수 시간은 사회통합정보망으로 문의하시기 바랍니다.

③ 그 외 교육

- 시민 교육: 이민자의 사회 적응을 위하여 각 분야별 전문기관이 개발한 맞춤형 교육(생활 법률 교육, 마약 예방 교육, 범죄 예방 교육 등 총 8개)이 운영되고 있으며, 법무부 사전 승인을 받아 다양한 시민 교육이 추가될 수 있습니다.
- 지자체 연계 프로그램: 각 지방자치단체의 이민자 대상 문화, 교육, 체험 프로그램 중 사회통합에 기여하는 우수 프로그램을 사회통합프로그램 지자체 연계 프로그램으로 지정하여 참여가 가능합니다.
- 이민자 멘토 교육: 한국에 성공적으로 정착한 이민자가 사회통합프로그램에 참여 중인 이민자의 멘토가 되어 한국 사회 적응을 위한 경험을 공유하는 강연 형식의 상호 소통 교육입니다.

※ 위 교육 참여 시 사회통합프로그램 교육 단계의 출석 시간으로 인정됩니다.

사회통합프로그램 중간평가 안내

중간평가란?

한국어와 한국 문화 4단계 참여자 또는 타 기관의 한국어 교육 중급 연계 과정 참여자를 대상으로 한국어와 한국 문화 이해 능력을 종합적으로 측정하는 시험임.

중간평가 신청 대상

❶ 사회통합프로그램 4단계 교육 수료일로부터 2년 이내인 사람
❷ 사회통합프로그램 한국어 교육 중급 연계 과정을 승인받은 사람

평가 방법

시험 종류 \ 구분	문항 유형	문항 수	배점(총 100점)	답안지
필기시험 (30문항, 50분)	객관식(40분)	28문항	70점(28문항×2.5점)	OMR카드
	작문형(10분)	2문항(통합하여 1문항)	5점(2문항×2.5점)	100자 원고지
구술시험 (5문항, 약 10분)	구술형	5문항	25점(5문항×5점)	구술시험 채점표

합격 기준 및 평가 결과 확인

❶ 합격 기준: 100점 만점에 60점 이상 득점
❷ 평가 결과 확인: 평가 후 사회통합정보망(마이페이지) 또는 사회통합프로그램 평가(성적조회)에서 점수와 합격 여부 확인

평가 결과 조치

❶ 합격자는 4단계 이수 처리되어 5단계로 승급
　※ 타 기관 한국어 교육 연계 과정으로 중간평가에 응시하여 합격한 경우 4단계 이수로는 인정되지 않습니다.
❷ 연계 과정 참여자 등 4단계 교육에 참여하지 않고 중간평가에 응시하여 불합격한 자는 4단계 참여 불가

사회통합프로그램 종합평가 안내

❖ 종합평가 종류
❶ 영주용 종합평가(KIPRAT)
❷ 귀화용 종합평가(KINAT)

❖ 종합평가 신청 대상
❶ 영주용 종합평가
• 사회통합프로그램 5단계 기본 과정(70시간)을 수료한 사람
• 사회통합프로그램 5단계 기본 과정(70시간)을 수료하지 않았으나, 사전평가에서 85점 이상 득점한 날로부터 2년 이내인 사람

❷ 귀화용 종합평가
• 사회통합프로그램 5단계 전체 과정(기본+심화)을 수료한 사람
• 2016년 7월 17일 이전 반복 수료에 의한 이수 완료자
• 2018년 3월 1일 이후 귀화 허가를 신청한 사람

❖ 평가 방법(PBT · CBT 동일)

시험 종류 \ 구분	문항 유형	문항 수	배점(총 100점)	답안지
필기시험 (40문항, 60분)	객관식(50분)	36문항	65점*	OMR카드
	작문형(10분)	4문항(통합하여 1문항)	10점(4문항×2.5점)	200자 원고지
구술시험 (5문항, 약 10분)	구술형	5문항	25점(5문항×5점)	구술시험 채점표

★ 객관식 배점 구분은 변경될 수 있습니다.(14문항×1.5점, 22문항×2점 등)

❖ 합격 기준 및 평가 결과 확인
❶ 합격 기준: 100점 만점에 60점 이상 득점
❷ 평가 결과 확인: 평가 후 사회통합정보망(마이페이지) 또는 사회통합프로그램 평가(성적조회)에서 점수와 합격 여부 확인

✿ CBT 답안 작성 방법

수험생은 반드시 자신의 시험 접수증(수험표)과 신분증을 지참해야 합니다.

❶ 접수한 평가 일자와 평가 장소에서 응시하시기 바랍니다. 평가 당일 시작 20분 전까지는 반드시 입실해야 하며, 시험 시작 이후에는 시험장에 들어갈 수 없습니다. 감독관의 안내를 듣고 배정된 좌석에 앉아 지시를 따라야 합니다.

❷ CBT 객관식 답안은 화면에 나오는 번호를 클릭(❶)하거나 오른쪽에 보이는 번호를 클릭(❷)하여 입력할 수 있습니다.

※ 개인의 부주의로 입력되지 않은 문항에 대한 책임은 본인에게 있습니다.

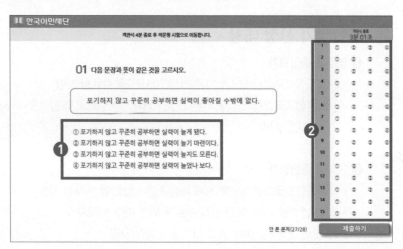

❸ CBT 주관식 답안과 구술시험 답안은 컴퓨터 키보드를 이용하여 직접 입력할 수 있습니다.

✿ PBT 답안 작성 방법

수험생은 반드시 자신의 시험 접수증(수험표), 신분증, 필기구(컴퓨터용 검은색 사인펜, 수정테이프 등)를 지참해야 합니다.

❶ 접수한 평가 일자와 평가 장소에서 응시하시기 바랍니다. 평가 당일 입실 마감 전(12시 30분)까지 반드시 입실해야 하며, 지정된 좌석에 앉아 감독관의 지시에 따라야 합니다.

❷ 답안지의 모든 표기 사항은 평가 당일 감독관이 지급하는 컴퓨터용 검은색 사인펜으로만 작성해야 합니다.

❸ 올바른 OMR 답안지 기재 방법을 숙지하여 답안을 작성해야 합니다.

※ 잘못된 필기구 사용과 답안지의 불완전한 마킹으로 인한 답안 작성 오류는 본인에게 책임이 있습니다.

❹ 평가 종료 후 감독관의 지시가 있을 때까지 퇴실할 수 없으며, 지급된 모든 문제지와 답안지는 반드시 제출해야 합니다.

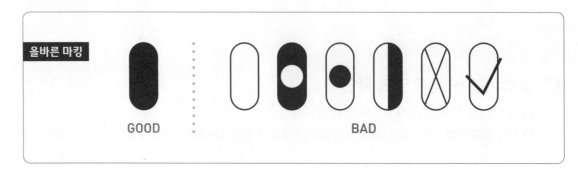

주의사항

❶ 신분증(외국인등록증, 주민등록증, 여권, 한국 운전면허증, 사진이 첨부된 체류허가 신청확인서)을 지참하지 않으면 평가에 응시할 수 없습니다.

  ※ 신분증 사본, 사진 촬영본 등 원본이 아닐 경우 응시할 수 없습니다.

❷ 시험 시간 중에는 화장실을 이용할 수 없으므로 유의하시기 바랍니다.

❸ 전자기기(휴대폰, 스마트 워치 등)를 사용하거나 대리 응시 등 감독관의 지시를 따르지 않고 부정행위를 할 경우 퇴실해야 하며, 1년 동안 사회통합프로그램에 참여할 수 없습니다.

구술시험 안내

❶ 구술시험은 필기시험과 같은 날, 필기시험이 끝난 후 실시됩니다.

❷ 구술시험은 약 10분 동안 진행됩니다.

❸ 구술시험 대기실에서 구술시험 채점표 2장을 받습니다.

❹ 받은 채점표에 자신의 이름을 영어로 정확하게 적고, 외국인등록번호, 일시, 지역을 바른 글씨로 적습니다.

구술시험 채점표

☐ 평가구분: 종합평가

성명	Hong Gil Dong	일시	20○○.○○.○○.	구술 시험관	성명	
외국인등록번호	91○○○○-5○○○○○○	지역	서울		성명	

※ 제시된 그림은 예시입니다. 실제 평가장의 상황에 따라 자세한 내용은 달라질 수 있습니다.

❺ 구술시험 채점표를 작성한 뒤, 채점표와 외국인등록증을 가지고 순서가 될 때까지 기다립니다.

❻ 순서가 되면 구술시험 채점표와 외국인등록증을 들고 평가장에 들어갑니다.

❼ 평가장에 들어갈 때는 예의 바르게 인사를 하고, 감독관에게 구술시험 채점표와 외국인등록증을 제출합니다.

❽ 정해진 자리에 앉아 감독관의 지시에 따라 문제지를 읽고, 질문에 대답합니다.

❾ 구술시험이 끝난 뒤에는 감독관에게 인사를 합니다.

❿ 평가장을 나올 때 외국인등록증을 반드시 돌려받아야 합니다.

본책

03 띄어쓰기

1. 단위 명사

단위를 나타내는 명사는 띄어 써야 합니다. 하지만 숫자와 같이 쓸 경우에는 붙여서 씁니다.

예 한 개, 두 권, 삼 년, 네 명, 오 층, 다섯 마리, 육 개월, 일곱 시간

| 나 | 는 | | 한 | 국 | 에 | | 온 | | 지 | | 삼 | | 년 | 이 | | 되 | 었 | 다. |

| 나 | 는 | | 한 | 국 | 에 | | 온 | | 지 | | 3 | 년 | 이 | | 되 | 었 | 다 | . |

연습하기 1   정답 및 해설 p.4 참고

❶ 한국의 병원은 세 가지 종류가 있다. 의원과 보건소는 1차 병원이다. 병원과 종합 병원은 2차 병원이다. 상급 종합 병원은 3차 병원이다.

원고지 작성법

처음이라 낯설었던 원고지와 친해지는 단계입니다. 원고지에 문장 부호를 쓰는 방법부터 문어체로 글을 쓰는 방법까지 배울 수 있습니다. 배운 이론은 '연습하기'에서 바로 복습해 보며 원고지 작성법을 꼼꼼하게 익혀 봅시다.

01 전통 문화

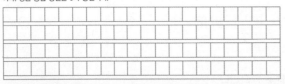

생각 정리하기

※ 한국의 상징과 고향의 상징을 비교해 써 보세요.

구분	한국	_____
국기	태극기	
국화	무궁화	
국가	애국가	
문자	한글	

어휘 더하기

※ 단어와 그 의미가 서로 알맞은 것을 연결하세요.

1. 무궁화 •   • ㉠ 민족의 화합과 통일, 인류의 행복과 평화
2. 태극기 •   • ㉡ 나라를 사랑하는 국민의 마음을 담은 노래
3. 애국가 •   • ㉢ 피고 지더라도 다시 피는 꽃

문장 만들기

1. 다음을 읽고 빈칸에 들어갈 알맞은 말을 써 보세요.

태극기는 한국의 국기로, 태극기의 흰 바탕은 밝음과 순수, 가운데의 배극 문양은 존귀와 희망, 네 모서리의 검은색 4괘는 각각 하늘, 땅, 물, 불을 상징한다. 애국가는 한국의 국가로, 나라를 사랑하는 국민의 마음을 담은 노래라는 의미가 있다. 무궁화는 한국의 국화로, 영원한 생명력을 지녀 피고 지더라도 또다시 피는 꽃이라는 의미가 있다.

태극기는 (㉠   ) 구성되어 있으며, 주로 국경일이나 기념일에 자신의 집 대문이나 창문에 다는 것이 일반적이다. 다음으로 애국가는 (㉡   ) 의미이며, 총 4절로 구성되어 있다. 마지막으로 무궁화는 (㉢   ) 의미이며, 나무 하나에 이천 여 개의 꽃이 핀다.

한국의 전통 문화는 궁궐, 유물 등 형태가 있는 ... 도 있습니다. 특히 요즘은 한류의 영향으로 K- ... 니다. 사회통합프로그램 작문형 문제에서는 다 ...

주제별 유형 익히기

작문시험에는 한국의 문화, 교육, 경제, 정치 등 다양한 주제가 출제됩니다. 그중 자주 출제되는 주제를 뽑아 수록했습니다. 간단한 문제를 풀어 보며 각 주제에 자주 등장하는 단어와 문장을 익힌 후, 원고지에 직접 써 보는 연습도 해 봅시다.

실전 모의고사

중간평가 5회분과 종합평가 5회분, 총 10회분의 모의고사를 수록했습니다. 실제 시험처럼 시간에 맞추어 써 보며 나의 것으로 만들어 봅시다.

제1회 실전 모의고사

※ 다음 내용을 포함하여 '한국의 명절 정월 대보름'이라는 제목으로 글을 쓰시오.

- 정월 대보름의 의미는 무엇입니까?
- 정월 대보름에는 어떤 음식을 먹으며, 그 음식을 먹는 이유는 무엇입니까?
- 정월 대보름에는 어떤 풍습이 있습니까?

(단, 답안지에 제목은 생략하고 본문만 쓰세요.)

책 속의 책

PART 3 중간평가 실전 모의고사

제1회 실전 모의고사

◆ 내가 좋아하는 계절

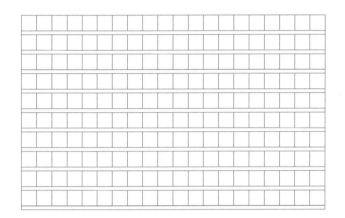

나	는		한	국	의		사	계	절		중		겨	울	을		가	장
좋	아	한	다	.		눈		내	리	는		풍	경	이		아	름	답	고	,
스	키	도		탈		수		있	기		때	문	이	다	.		또		크	리
스	마	스	나		연	말	에		사	람	들	과		모	여		맛	있	는
것	을		먹	고		이	야	기	하	는		것	도		즐	겁	다	.

아래와 같이 다른 답안도 쓸 수 있어요!

예시답안 ❶

나는 한국의 사계절 중 봄을 가장 좋아한다. 날씨가 따뜻해지면서 꽃이 피기 때문이다. 그래서 나는 봄이 되면 공원에 자주 간다. 봄에 공원에 가면 예쁜 꽃을 볼 수가 있어서 참 좋다.

예시답안 ❷

나는 한국의 사계절 중 여름을 가장 좋아한다. 바다 수영을 좋아해서 여름이 되면 마음껏 수영할 수 있기 때문이다. 또 해가 길어서 좋고, 다른 계절보다 옷차림이 가벼워져 활동하기에 좋다.

예시답안 ❸

나는 한국의 사계절 중 가을을 가장 좋아한다. 가을은 바람도 시원하고 미세 먼지도 없다. 그리고 단풍과 은행이 예쁘

정답 및 해설

작문형 문제의 답안을 어떻게 작성해야 할지 걱정하지 마세요. 실전 모의고사의 예시답안을 여러 개 수록해 같은 문제에 대해 다양한 유형의 답안을 확인할 수 있도록 했습니다. 예시답안을 읽으며 나만의 답안도 만들어 봅시다.

이 책의 차례

PART 1
원고지 작성법

원고지는 글을 쓸 때 사용하는 종이를 말합니다. 원고지를 사용하면 맞춤법, 띄어쓰기, 문장 구성 등 기본적인 규칙을 쉽게 확인할 수 있습니다. 중간평가에서는 작문형의 답안지가 100자 원고지 형식으로 제공되고, 종합평가에서는 작문형의 답안지가 200자 원고지 형식으로 제공되므로 원고지에 글을 작성하는 방법을 반드시 알고 있어야 합니다. 원고지 작성에 어려움을 겪는 학습자를 위해 쉽게 이해할 수 있도록 예를 들어 자세히 설명하였습니다. 차례대로 학습한 후 연습 문제를 따라 써 보면 원고지 작성 방법을 익히는 데 도움이 될 것입니다.

01 글자 쓰기

1. 기본 원칙

1) 글을 시작할 때는 한 칸을 비우고 시작합니다. 이를 들여쓰기라고 합니다.

	나	는		책	임	감	이		강	하	고		추	진	력	이		있	다.

2) 단, 둘째 줄부터는 한 단락이 끝날 때까지 들여 쓰지 않습니다.

	나	는		책	임	감	이		강	하	고		추	진	력	이		있	는
사	람	이	다	.	이	러	한		성	격	으	로		어	떤		일	을	

2. 한글 쓰기

한글은 한 칸에 한 자씩 씁니다. 자음과 모음을 각각 적을 때도 한 칸에 한 자씩 씁니다.

한	글		자	음	의		기	본	자	인		ㄱ	,	ㄴ	,	ㅁ	,	ㅅ

3. 숫자 쓰기

숫자가 하나일 때는 한 칸에 한 자씩, 숫자가 두 개 이상일 때는 한 칸에 두 자씩 씁니다. 숫자와 수학 기호(쉼표, 소수점 등)를 함께 써야 할 때에는 한 칸에 숫자와 수학 기호를 함께 씁니다.

나	는		3	년		전	에		한	국	에		왔	다	.	처	음	
12	월		28	일	에		중	간	평	가	가		있	다	.		그	래	서
이		원	피	스	는		49	,0	00	원	이	다	.		내		생	각	보

4. 알파벳 쓰기

영어 대문자는 한 칸에 한 자씩 쓰고, 영어 소문자는 한 칸에 두 자씩 씁니다. 단, 낱자로 된 영어 소문자는 한 칸에 한 자씩 씁니다.

한	국	은		영	어	로		K	or	ea	라	고		한	다	.		그	리

※ 다음 문장을 읽고 원고지 작성법에 맞춰 바르게 써 보세요.

❶ 대한민국의 1인 가구는 25%로 전년 대비 1.2% 증가하였다.

❷ 1443년 세종대왕은 글을 모르는 백성들을 위해 글자를 만들었는데 이것이 바로 한글이다.

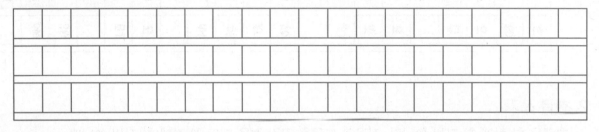

❸ 대한민국은 영어로 Republic of Korea라고 하며, 약 5,100만 명이 살고 있다. 수도는 서울이며 사계절이 뚜렷한 나라이다.

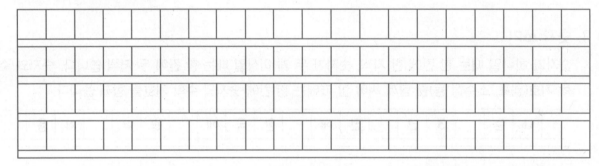

02 문장 부호 쓰기

1. 문장 부호의 종류

한국어의 문장 부호에는 마침표(.), 쉼표(,), 물음표(?), 느낌표(!), 가운뎃점(·), 큰따옴표(" "), 작은따옴표(' '), 말줄임표(…), 줄표(—), 물결표(~), 괄호 등이 있습니다.

2. 기본 원칙

1) 문장 부호는 한 칸에 한 개씩 씁니다.

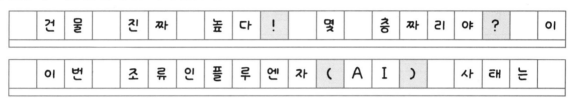

2) 문장 부호는 다음 줄로 넘기지 않습니다.

3. 띄어쓰기

1) 느낌표나 물음표 다음은 한 칸을 비웁니다.

| 풍 | 경 | 이 | | 아 | 름 | 다 | 웠 | 다 | ! | | 다 | 음 | 에 | | 또 | | 오 | 고 |

2) 마침표나 쉼표 다음은 한 칸을 비우지 않습니다.

| 딸 | 기 | , | 귤 | , | 사 | 과 | | 등 | | 과 | 일 | | 가 | 격 | 이 | | 싸 | 서 |

4. 그 외 주의사항

1) 마침표, 쉼표, 큰따옴표, 작은따옴표 등은 칸의 한쪽에 치우치도록 씁니다.

| " | 아 | ! | | 달 | 아 | , | | 나 | 와 | | 함 | 께 | | 떠 | 날 | 까 | ? | " |

2) 마침표, 느낌표, 물음표 뒤에 따옴표가 오면, 한 칸에 모두 쓸 수도 있습니다.

| " | 아 | ! | | 달 | 아 | , | | 나 | 와 | | 함 | 께 | | 떠 | 날 | 까 | ?" |

※ 다음 문장을 읽고 원고지 작성법에 맞춰 바르게 써 보세요.

❶ 그걸 잊어버리다니? 정신을 어디에 두고 다니는 것일까! 정말 이해할 수 없는 일이구나.

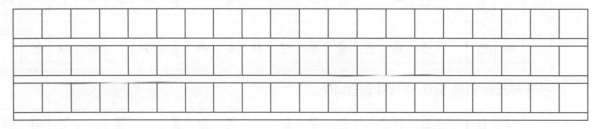

❷ 그리운 친구야! 오늘은 네가 무척이나 보고 싶은 날이다. '참새'를 보면 너와의 추억이 떠오른다.

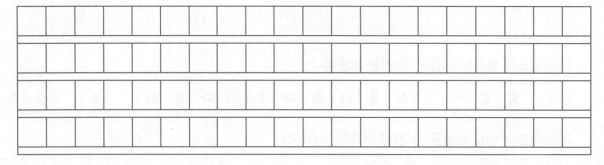

❸ 한국의 대중교통에는 버스, 지하철, 기차가 있다. 그중, 지하철은 인구가 많은 도시(수도권, 부산, 대구, 광주, 대전 등)에서만 운영된다.

1. 단위 명사

단위를 나타내는 명사는 띄어 써야 합니다. 하지만 숫자와 같이 쓸 경우에는 붙여 쓸 수 있습니다.

예 한 개, 두 권, 삼 년, 네 명, 오 층, 여섯 마리, 칠 개월, 여덟 시간

	나	는		한	국	에		온		지		삼		년	이		되	었	다.

	나	는		한	국	에		온		지		3	년	이		되	었	다	.

연습하기 1

정답 및 해설 p. 4

※ 다음 문장을 읽고 띄어쓰기 규칙에 맞춰 바르게 써 보세요.

❶ 한국의 병원은 세 가지 종류가 있다. 의원과 보건소는 1차 병원이다. 병원과 종합 병원은 2차 병원이다. 상급 종합 병원은 3차 병원이다.

2. 틀리기 쉬운 띄어쓰기 규칙

1) –(으)ㄹ 만큼

| 저 | 는 | | 참 | 을 | | 만 | 큼 | | 참 | 았 | 다 | 고 | | 생 | 각 | 해 | 요 | . |

2) –(으)ㄹ 것이다.

| 오 | 늘 | | 친 | 구 | 와 | | 영 | 화 | 를 | | 볼 | | 것 | 이 | 다 | . | | 그 | 래 |

3) –(으)ㄹ 수 있다./없다.

| 나 | 와 | | 동 | 생 | 은 | | 수 | 영 | 을 | | 할 | | 수 | | 있 | 다 | . | |

| 양 | 이 | | 많 | 아 | | 혼 | 자 | | 다 | | 먹 | 을 | | 수 | | 없 | 어 | 요 | . |

4) –(으)ㄹ 줄 알다./모르다.

| 수 | 영 | 을 | | 할 | | 줄 | | 아 | 는 | | 사 | 람 | 이 | 라 | 도 | | 물 | 에 |

| 영 | 어 | 를 | | 읽 | 을 | | 줄 | | 몰 | 라 | 서 | | 부 | 끄 | 러 | 웠 | 어 | 요 | . |

5) –(으)ㄴ/ㄹ/는 것 같다.

| 밖 | 에 | | 비 | 가 | | 온 | | 것 | | 같 | 은 | 데 | | 창 | 문 | 을 | | 열 |

6) –(으)ㄴ 지 (시간)이/가 되다(지나다).

| 한 | 국 | 에 | | 온 | | 지 | | 3 | 년 | 이 | | 되 | 었 | 다 | . | | 그 | 래 | 서 |

※ 다음 문장을 읽고 띄어쓰기 규칙에 맞춰 바르게 써 보세요.

❶ 나는새우를먹을수가없다.

❷ 휴대폰을산지일주일이되었다.

❸ 나는김치찌개를끓일줄안다.

❹ 다음주는가족과함께제주도에갈것이다.

❺ 흐린것을보니내일비가올것같다.

❻ 나의그림실력은모두가다알만큼뛰어나다.

04 문어체 사용하기

일상생활에서 친한 사람과 대화를 할 때에는 "이름이 뭐예요?", "저는 한국어 공부를 해요."라고 편하게 말을 합니다. 그러나 글을 쓰거나 문서를 작성할 때는 일상 대화와 다르게 써야 합니다. 사회통합프로그램 작문형 문제는 격식 있는 문어체(文語體, literary style)로 글을 써야 합니다. 그렇다면 문어체는 어떻게 써야 할지 공부해 볼까요?

1. 동사(Verb)

1) 과거형(过去式, past tense)

기본형	형태	과거형
영화를 보다.	ㅏ, ㅗ (O) + -았다	영화를 봤다.
문을 열다.	ㅏ, ㅗ (X) + -었다	문을 열었다.
한국어를 공부하다.	-였다(했다)	한국어를 공부했다.

2) 현재형(現在式, present tense)

기본형	형태	현재형
밥을 먹다.	받침 (O) + -는다	밥을 먹는다.
한국어를 배우다.	받침 (X) + -ㄴ다	한국어를 배운다.

3) 미래형(未来式, future tense)

기본형	형태	미래형
새 옷을 입다.	받침 (O) + -을 것이다	새 옷을 입을 것이다.
친구를 만나다.	받침 (X) + -ㄹ 것이다	친구를 만날 것이다.

※ 다음 밑줄 친 부분에 틀린 점이 있다면 바르게 고쳐 원고지에 써 보세요.

❶ 지난 1년 간 한국어를 열심히 <u>공부하다</u>.

❷ 오늘 부모님과 외식을 <u>하다</u>.

❸ 다음 주에 고향에 <u>가다</u>.

❹ 작년에는 혼자 <u>가다</u>. 그렇지만 이번에는 친구와 함께 <u>가다</u>.

❺ 지난주에 신발을 새로 <u>사다</u>. 내일 그 신발을 신고 친구를 만나러 <u>가다</u>.

2. 형용사(Adjective)

1) 과거형(过去式, past tense)

기본형	형태	과거형
사람이 많다.	ㅏ, ㅗ (O) + -았다	사람이 많았다.
인간관계가 힘들다.	ㅏ, ㅗ (X) + -었다	인간관계가 힘들었다.
의자가 불편하다.	-였다(했다)	의자가 불편했다.

2) 현재형(现在式, present tense)

기본형	형태	현재형
형은 키가 작다.	받침 (O, X) + -다	형은 키가 작다.
꽃이 예쁘다.		꽃이 예쁘다.

3) 미래형(未来式, future tense)

기본형	형태	미래형
약속에 늦다.	받침 (O) + -을 것이다	내일 약속에 늦을 것이다.
나는 행복하다.	받침 (X) + -ㄹ 것이다	나는 행복할 것이다.

※ 다음 밑줄 친 부분에 틀린 점이 있다면 바르게 고쳐 원고지에 써 보세요.

❶ 어제 본 영화는 <u>재미없다</u>.

❷ 지금 마시기에는 너무 <u>뜨겁다</u>.

❸ 나는 내일 <u>늦다</u>.

❹ 내일 정월 대보름에는 전국에 눈이 내리면서 보름달을 감상하기가 <u>어렵다</u>.

❺ 현재 취업에 어려움을 겪는 청년이 <u>많다</u>. 그래서 청년을 위한 일자리 정책이 <u>필요하다</u>.

3. 명사(Noun)

1) 과거형(过去式, past tense)

기본형	형태	과거형
내가 좋아하는 책이다.	받침 (O) + -이었다	내가 좋아하는 책이었다.
그녀는 내 친구다.	받침 (X) + -였다	그녀는 내 친구였다.

2) 현재형(现在式, present tense)

기본형	형태	현재형
그는 학생이다.	받침 (O, X) + -(이)다	그는 학생이다.
고향은 인도네시아다.		고향은 인도네시아다.

3) 미래형(未来式, future tense)

기본형	형태	미래형
약속한 날짜다.	받침 (O, X) + -일 것이다	약속한 날짜일 것이다.
종합평가 시험이다.		종합평가 시험일 것이다.

※ **다음 밑줄 친 부분에 틀린 점이 있다면 바르게 고쳐 원고지에 써 보세요.**

❶ 그 김밥은 내가 예전에 자주 먹던 <u>김밥일 것이다.</u>

❷ 나의 고향은 <u>캄보디아다.</u>

❸ 아마 다음 주가 <u>면접시험이다.</u>

❹ 어제는 너무 즐거운 <u>하루다.</u> 내일도 즐겁고 행복한 하루가 <u>되다.</u>

❺ 그는 네덜란드 사람이다. 그리고 5년 전에 한국에 <u>오다.</u>

PART 2
주제별 유형 익히기

합격의 공식
온라인 강의

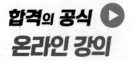

임준 선생님의 친절한 강의를 듣고 싶다면?
YouTube 접속 → 사회통합프로그램 study 채널 검색 → 구독
→ [사회통합프로그램 중간평가 · 종합평가 작문시험] 재생 목록 click!

전통 문화

한국의 전통 문화는 궁궐, 유물 등 형태가 있는 문화유산뿐만 아니라 명절, 전통 놀이 등 형태가 없는 문화유산도 있습니다. 특히 요즘은 한류의 영향으로 K-pop과 K-drama 등의 다양한 문화 콘텐츠도 인기를 끌고 있습니다. 사회통합프로그램 작문형 문제에서는 다양한 한국 문화와 관련된 문제가 종종 출제되고 있습니다. 전통 문화에 어떤 문제가 나오는지 함께 알아볼까요?

한국의 5대 명절

명절은 해마다 일정하게 지키며 즐기거나 기념하는 날을 말합니다. 최근 한국에서는 5대 명절(설과 대보름, 단오, 한식, 추석)이 국가무형유산으로 지정되었습니다.

먼저, 설날은 한 해의 시작인 음력 1월 1일이며, 한국의 대표적인 명절입니다. 설날 아침에는 설빔을 입고, 가족들이 모여 조상에게 차례를 지냅니다. 그리고 아랫사람이 웃어른께 세배를 올리면 웃어른은 덕담을 해 주고, 세뱃돈을 줍니다. 그리고 떡국을 먹습니다. 설날에 떡국을 먹으면 나이를 한 살 더 먹는다는 의미가 있습니다. 설날에는 윷놀이, 널뛰기, 연날리기와 같은 전통 놀이도 즐겨 합니다.

정월 대보름은 음력 1월 15일로, 한 해 동안 지을 농사의 풍요로움을 기원하는 날입니다. 이날에는 오곡밥과 나물을 먹고, 아침에는 더위팔기를 하며 부럼을 깨물어 먹는 전통이 있습니다. 또한 풍작을 기원하는 쥐불놀이, 한 해의 건강을 비는 다리 밟기 등의 전통 놀이를 합니다.

단오는 음력 5월 5일로, 양기*가 가장 강한 날입니다. 단오에는 수리취떡을 만들어 먹고, 창포물에 머리를 감습니다. 그리고 그네뛰기, 씨름, 활쏘기와 같은 전통 놀이를 즐겨 합니다. 단오를 기념하여, 지금까지도 강릉 등 일부 지역에서는 단오제를 지내기도 합니다.

한식은 동지 후 105일째 되는 날로 이 시기는 농사가 시작되는 계절입니다. 한식에는 불을 쓰지 않고 찬 음식을 먹습니다.

마지막으로 추석은 음력 8월 15일로 중추절 또는 한가위라고 합니다. 한 해 농사를 끝내고 수확을 하는 시기이며, 추석날 아침에는 햇곡식으로 차례를 지내고 성묘를 갑니다. 또 추석에는 송편이라는 떡을 함께 만들어 먹습니다. 그리고 씨름, 강강술래, 줄다리기 등의 전통 놀이도 즐겨 합니다.

* 양기: 세상의 모든 것이 살아 움직이는 활발한 기운

※ 한국의 명절 중 하나를 골라 고향의 명절과 비교해 써 보세요.

구분	한국의 _____	고향의 _____
날짜		
의미		
음식		
의식		

어휘 더하기

※ 다음 문장에 들어갈 알맞은 단어를 써 보세요.

단오 / 부럼 / 설빔 / 세배

1. (　　　　　)에는 창포물에 머리를 감는 풍습이 있습니다. 이는 창포의 특이한 향이 나쁜 기운이나 귀신을 물리친다고 생각했기 때문입니다.

2. 정월 대보름날 아침에 잣 · 호두 · 은행 · 땅콩 등의 딱딱한 껍질을 가진 (　　　　　)을/를 깨물어 먹습니다.

3. 새해를 맞아 설날에 새 옷으로 갈아입는 것을 (　　　　　)(이)라고 합니다.

1. 다음을 읽고 빈칸에 들어갈 알맞은 말을 써 보세요.

> 음력 1월 15일은 1년 중 가장 중요한 명절인 정월 대보름이다. 대보름에는 건강과 평안을 기원하며 보름달에 소원 빌기, 다리 밟기, 쥐불놀이 등 여러 풍속과 전통 놀이를 즐긴다. 또 명절에는 전통 음식도 빠질 수 없다. 대보름에는 다섯 가지 곡식이 담긴 오곡밥을 먹으며 풍년과 건강을 기원하고, 단단한 견과류를 입에 넣고 깨무는 부럼 깨물기로 한 해 동안 부스럼이 생기지 않도록 기원한다.

한국의 (㉠   ) 정월 대보름에는 음식이 빠질 수 없다. 먼저, 대보름에는 (㉡   ) 풍년과 건강을 기원한다. 그리고 단단한 견과류를 입에 넣고 깨무는 부럼 깨물기로 한 해 동안 나쁜 병과 (㉢   ).

2. 다음을 읽고 단어를 활용하여 문장을 만들어 보세요.

> 추석 / 음력 8월 15일 → 추석은 음력 8월 15일입니다.

1) 동지 / 팥죽 → _____

2) 설날 / 세배 / 세뱃돈 → _____

3) 정월 대보름 / 음력 1월 15일 → _____

4) 단오 / 씨름 / 전통 놀이 → _____

> 1. 한국의 5대 명절(설과 대보름, 단오, 한식, 추석) 중 추석은 어떤 날입니까?
> 2. 한국 명절과 고향 명절의 비슷한 점은 무엇입니까?
> 3. 한국 명절과 고향 명절의 다른 점은 무엇입니까?

1. 한국의 5대 명절 중 추석은 어떤 날입니까?

추석은 _____을/를 맞이하여 _____ 날이다.

_____.

쓸 Tip 한국의 명절 중 이 날은 어떤 날인지, 날짜는 언제인지, 어떤 의미가 있는지 정리하여 쓰는 것이 좋습니다. '~을/를 ~(이)라고 한다.'라는 표현으로도 쓸 수 있습니다.

예시답안 추석은 수확의 계절을 맞이하여 조상에게 풍년을 감사하는 의미로 차례를 지내는 날이다. 음력 8월 15일로 중추절이나 한가위라고도 불린다.

2. 한국 명절과 고향 명절의 비슷한 점은 무엇입니까?

_____은/는 _____와/과 비슷한 _____.

_____.

쓸 Tip 비슷하거나 같은 특징이 있으면 '~이/가 비슷하다.', '~와/과 같다.' 또는 '~(이)라는/(ㄴ/는)다는 공통점이 있다.'라는 표현도 쓸 수 있습니다.

예시답안 일본은 추석과 비슷한 '오봉'이라는 명절이 있다. 오봉은 매년 양력 8월 15일로 모두의 건강과 행복을 기원하는 날이다.

3. 한국 명절과 고향 명절의 다른 점은 무엇입니까?

_____은/는 _____와/과 달리 _____.

_____.

쓸 Tip 다른 특징이 있으면 '~이/가 다르다.' 또는 '~이/가 아니다.'라는 표현도 쓸 수 있습니다.

예시답안 오봉은 추석과 달리 공휴일이 아니다. 대신 오봉을 전후로 오봉야스미라는 긴 연휴를 지낸다.

※ 다음 내용을 포함하여 '한국의 명절'이라는 제목으로 글을 쓰시오.

- 한국의 5대 명절 중 추석은 어떤 날입니까?
- 한국 추석과 비슷한 명절이 고향에 있습니까? 어떤 날입니까?

(단, 답안지에 제목은 생략하고 **본문만 쓰세요**.)

🔍 **다시 확인하기**

☑ 하나의 글에 2가지 질문에 대한 답이 모두 들어가야 합니다.

☑ 2가지 질문에 대한 답이 자연스럽게 연결되어야 합니다.

☑ '-(으)ㄴ/는다, -(이)다'의 문어체로 글을 작성해야 합니다.

☑ 글을 쓰기 전에 자기 나라 말로 한번 생각해 본 후 글을 쓰는 것도 좋은 방법입니다.

☑ 글을 쓸 때 자신이 쓴 문장이 자연스러운지, 맞춤법은 맞게 썼는지 다시 읽어봐야 합니다.

	한	국	의		추	석	은		조	상	에	게		풍	년	을		감	사
하	는		날	로		음	력		8	월		15	일	이	다	.		일	본	은
추	석	과		비	슷	한		'	오	봉	'	이	라	는		명	절	이	
있	다	.	일	본	의		오	봉	은		추	석	과		같	이		한	
해	의		건	강	과		행	복	을		기	원	하	는		날	이	다	.

아래와 같이 다른 답안도 쓸 수 있어요!

동지는 하루 중 밤의 길이가 가장 긴 날로 일 년의 시작이라는 의미가 있다. 우리 고향에서는 동지와 비슷한 시기에 크리스마스를 보내는데, 크리스마스에는 가족들과 선물을 주고받는다.

※ 다음 내용을 포함하여 '한국의 명절'이라는 제목으로 글을 쓰시오.

- 한국의 5대 명절 중 추석은 어떤 날입니까?
- 한국 명절과 고향 명절의 비슷한 점은 무엇입니까?
- 한국 명절과 고향 명절의 다른 점은 무엇입니까?

(단, 답안지에 제목은 생략하고 <u>본문만</u> 쓰세요.)

🔎 **다시 확인하기**

- ☑ 하나의 글에 3가지 질문에 대한 답이 모두 들어가야 합니다.
- ☑ 3가지 질문에 대한 답이 자연스럽게 연결되어야 합니다.
- ☑ '-(으)ㄴ/는다, -(이)다'의 문어체로 글을 작성해야 합니다.
- ☑ 글을 쓰기 전에 자기 나라 말로 한번 생각해 본 후 글을 쓰는 것도 좋은 방법입니다.
- ☑ 글을 쓸 때 자신이 쓴 문장이 자연스러운지, 맞춤법은 맞게 썼는지 다시 읽어봐야 합니다.

	추	석	은		수	확	의		계	절	을		맞	이	하	여		조	상
에	게		풍	년	을		감	사	하	는		의	미	로		차	례	를	
지	내	는		날	이	다	.	음	력		8	월		15	일	로		중	추
절	이	나		한	가	위	라	고	도		불	린	다	.	일	본	은		추
석	과		비	슷	한		'	오	봉	'	이	라	는		명	절	이		있
다	.	오	봉	은		매	년		양	력		8	월		15	일	로		모
두	의		건	강	과		행	복	을		기	원	하	는		날	이	다	.
그	러	나		오	봉	은		추	석	과		달	리		공	휴	일	이	
아	니	다	.	대	신		오	봉	을		전	후	로		오	봉	야	스	미
라	는		긴		연	휴	를		지	낸	다	.							

아래와 같이 다른 답안도 쓸 수 있어요!

동지는 한국에서 일 년 중 낮이 가장 짧고 밤이 가장 긴 날이다. 동지는 낮이 다시 길어지기 시작하는 날이기 때문에 일 년의 시작으로 보기도 한다. 동지와 비슷한 시기에 우리 고향에서는 크리스마스라는 명절을 보낸다. 크리스마스는 양력 12월 25일로 동지와 다르게 종교적인 의미의 명절이지만, 동지처럼 어둠을 극복하고 빛과 희망을 기념한다는 공통점도 있다.

한복

한국 사람들이 옛날부터 입어 온 한국의 고유한 전통 옷을 한복이라고 합니다. 한국의 역사 속에서 한복의 모습은 다양하게 변화해 왔는데, 조선 시대의 한복은 성별, 신분, 계절에 따라 모양이 조금씩 다르다는 특징이 있습니다.

먼저 성별에 따라 한복을 입을 때, 남자는 바지와 저고리를 기본으로 입고, 저고리 위에 조끼를 입으며, 외출할 때는 두루마기를 입습니다. 그리고 여자는 치마와 저고리를 기본으로 입고, 외출할 때는 장옷이나 쓰개치마를 입습니다. 그리고 남자와 여자 모두 양말 대신 버선을 신습니다. 다음으로 신분에 따라, 양반은 비단으로 만든 도포, 저고리, 바지, 치마 등을 입었습니다. 주로 가죽 신발을 신었고, 남자는 갓을 썼습니다. 반면 상민은 무명*으로 지은 저고리, 바지, 치마 등을 입었고 주로 짚으로 만든 신발을 신었습니다. 마지막으로 계절에 따라, 여름에는 바람이 잘 통하는 삼베*와 모시*로 만든 한복을 입었다면, 겨울에는 옷감 사이에 솜을 얇게 넣거나 바람이 잘 들어오지 않도록 무명과 비단으로 옷을 만들어 입었습니다. 또한 겨울에는 털가죽으로 만든 남바위나 풍차를 써서 머리와 귀를 따뜻하게 만들었습니다.

한복은 자연의 재료를 이용하여 옷감을 만들고 염색을 한 옷입니다. 또한 직선과 곡선으로 이루어진 선이 조화를 이루어 모양이 아름답습니다. 그리고 품이 넉넉하여 몸에 붙지 않고 바람이 잘 통해 건강에도 좋고, 활동하기에도 편하다는 장점이 있습니다. 옛날 사람들은 한복을 명절뿐만 아니라 일상생활에서도 입었지만 요즘에는 결혼식이나 돌잔치와 같이 특별한 날이나 설날과 추석과 같은 명절에 한복을 주로 입습니다. 또 요즘은 전통 한복의 아름다움은 살리면서 일상생활에서 편하게 입을 수 있는 생활한복이나 개량한복을 많이 입기도 합니다.

* 무명: 목화솜으로 짠 천
* 삼베: 삼이라는 실로 짠 천. 주로 여름옷이나 여름 이불을 만들 때 쓰임
* 모시: 풀에서 질긴 껍질을 벗겨 만든 실로 짠 천

※ 한국의 의복과 고향의 의복을 비교해 써 보세요.

구분	한국	_____
이름	한복	
기본 구성	바지(남자), 치마(여자), 저고리, 조끼, 두루마기, 장옷	
입는 방법	1. 속바지와 속치마를 입는다. 2. 바지나 치마를 입은 후 버선을 신는다. 3. 저고리를 입고 고름을 맨다. 4. 남자는 조끼를 입는다. 5. 외출할 때, 두루마기나 장옷을 입는다.	
소재	여름에는 삼베와 모시, 겨울에는 무명과 비단	

※ 다음 문장에 들어갈 알맞은 단어를 써 보세요.

저고리 / 신분 / 두루마기 / 결혼식

1. 양팔과 몸통을 감싸며 여며 입는 한복의 웃옷(윗옷)을 (   )(이)라고 합니다.

2. 현대에는 (   )(이)나 돌잔치 등 특별한 날에 주로 한복을 입습니다.

3. 한복은 성별, (   ), 계절에 따라 그 모습이 조금씩 다릅니다.

1. 다음을 읽고 빈칸에 들어갈 알맞은 말을 써 보세요.

> 한복은 가볍고, 입고 벗기가 쉽다. 그리고 직선과 곡선으로 어우러져 있어 옷이 몸에 붙지 않고, 몸을 넉넉하고 풍성하게 감싸주어 활동하기에 편하다. 그렇기 때문에 바람이 잘 통하여 건강에도 좋다는 장점이 있다. 그러나 신축성이 없어서 몸을 움직이거나 살이 찔 경우 오히려 활동이 불편해지고, 옷이 크기 때문에 땅에 끌리기도 한다는 단점이 있다. 또한 한복은 도시화, 산업화가 이루어진 현대에 입고 활동하기에는 불편한 점이 많아 결혼식이나 명절 등의 특별한 날에만 입는다.

한복은 가벼우면서도 (㉠　　　　　　　　　　)는 장점이 있다. 그리고 몸을 넉넉하고 풍성하게 감싸주어 (㉡　　　　　　　　　　), 바람이 잘 통해 건강에도 좋다. 그러나 이는 옷이 커서 오히려 땅에 끌리기도 한다는 (㉢　　　　　　　　　　). 그래서 현대에는 결혼식이나 명절 등의 (㉣　　　　　　　　　　).

2. 다음을 읽고 단어를 활용하여 문장을 만들어 보세요.

> 추석 / 음력 8월 15일 → <u>추석은 음력 8월 15일입니다.</u>

1) 여름 / 삼베와 모시 / 한복 → _____

2) 겨울 / 무명과 비단 / 한복 → _____

3) 여자 한복 / 치마와 저고리 → _____

4) 현대 / 특별한 날이나 명절 / 한복 → _____

> 1. 남자 한복의 특징은 무엇입니까?
> 2. 여자 한복의 특징은 무엇입니까?
> 3. 고향의 전통 의상은 무엇이고, 어떤 특징이 있습니까?

1. 남자 한복의 특징은 무엇입니까?

남자 한복은 _____와/과 _____이/가 있으며 _____.

> **쓸 Tip** 특징에 대해 쓸 때 '~와/과 ~로 이루어져 있다.' 또는 '~이/가 특징이다.'라는 표현도 쓸 수 있습니다.

> **예시답안** 남자 한복은 저고리와 바지, 두루마기가 있으며 길고 크게 만들어져서 활동하기 좋다.

2. 여자 한복의 특징은 무엇입니까?

여자 한복은 _____와/과 _____이/가 있으며 _____.

> **쓸 Tip** 특징에 대해 쓸 때 '~와/과 ~로 이루어져 있다.' 또는 '~이/가 특징이다.'라는 표현도 쓸 수 있습니다.

> **예시답안** 여자 한복은 짧은 저고리와 긴 치마가 있으며 다양한 색상과 끈 장식이 특징적이다.

3. 고향의 전통 의상은 무엇이고, 어떤 특징이 있습니까?

고향의 전통 의상인 _____은/는 _____이/가

특징이다. _____ 자주 입는다.

> **쓸 Tip** 고향의 전통 의상은 이름이 무엇인지, 어떤 특징이 있는지 정리하여 쓰는 것이 좋습니다.

> **예시답안** 고향의 전통 의상인 아오자이는 긴 옷이라는 뜻인데 원피스같이 긴 옷 안에 바지를 입는 것이 특징이다. 또한 바람이 잘 통해서 활동하기 편하고 주로 명절날 새 옷이나 결혼식 드레스, 교복 등으로 자주 입는다.

※ 다음 내용을 포함하여 '전통 의상'이라는 제목으로 글을 쓰시오.

- 한복의 특징은 무엇입니까?
- 고향의 전통 의상은 무엇이고, 어떤 특징이 있습니까?

(단, 답안지에 제목은 생략하고 <u>본문만</u> 쓰세요.)

🔍 **다시 확인하기**

☑ 하나의 글에 2가지 질문에 대한 답이 모두 들어가야 합니다.
☑ 2가지 질문에 대한 답이 자연스럽게 연결되어야 합니다.
☑ '–(으)ㄴ/는다, –(이)다'의 문어체로 글을 작성해야 합니다.
☑ 글을 쓰기 전에 자기 나라 말로 한번 생각해 본 후 글을 쓰는 것도 좋은 방법입니다.
☑ 글을 쓸 때 자신이 쓴 문장이 자연스러운지, 맞춤법은 맞게 썼는지 다시 읽어봐야 합니다.

	한	복	은		몸	에		붙	지		않	는		디	자	인	으	로	
만	들	어	져		움	직	임	이		자	유	롭	다	.		고	향	의		전
통		의	상	인		델	은		한		벌	로		몸		전	체	를	
감	싸	는		긴		외	투		형	태	의		옷	이	다	.		결	혼	식
이	나		축	제		등		특	별	한		행	사	에		입	는	다	.

아래와 같이 다른 답안도 쓸 수 있어요!

한복은 직선과 곡선이 조화로우며, 몸에 붙지 않아 활동하기 편하다. 그리고 고향의 전통 의상인 아오자이는 딱 붙는 긴 원피스에 바지를 입는다. 바람이 잘 통해서 활동하기 편하다.

※ 다음 내용을 포함하여 '전통 의상'이라는 제목으로 글을 쓰시오.

- 남자 한복의 특징은 무엇입니까?
- 여자 한복의 특징은 무엇입니까?
- 고향의 전통 의상은 무엇이고, 어떤 특징이 있습니까?

(단, 답안지에 제목은 생략하고 <u>본문만</u> 쓰세요.)

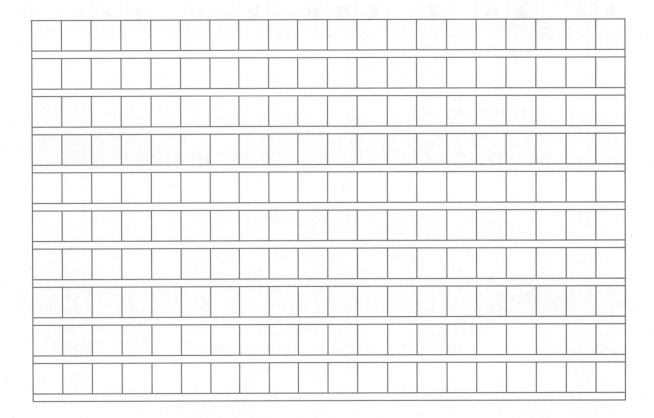

🔍 **다시 확인하기**

☑ 하나의 글에 3가지 질문에 대한 답이 모두 들어가야 합니다.

☑ 3가지 질문에 대한 답이 자연스럽게 연결되어야 합니다.

☑ '-(으)ㄴ/는다, -(이)다'의 문어체로 글을 작성해야 합니다.

☑ 글을 쓰기 전에 자기 나라 말로 한번 생각해 본 후 글을 쓰는 것도 좋은 방법입니다.

☑ 글을 쓸 때 자신이 쓴 문장이 자연스러운지, 맞춤법은 맞게 썼는지 다시 읽어봐야 합니다.

	남	자		한	복	에	는		저	고	리	와		바	지	,	두	루	마
기	가		있	으	며		길	고		크	게		만	들	어	져	서		활
동	하	기		좋	다	.	여	자		한	복	에	는		짧	은		저	고
리	와		긴		치	마	가		있	으	며		다	양	한		색	상	과
끈		장	식	이		특	징	적	이	다	.	고	향	의		전	통		의
상	인		아	오	자	이	는		긴		옷	이	라	는		뜻	인	데	
원	피	스		같	은		긴		옷		안	에		바	지	를		입	는
다	.	바	람	이		잘		통	해	서		활	동	하	기		편	하	고
주	로		명	절	날		새		옷	이	나		결	혼	식		드	레	스 ,
교	복		등	으	로		자	주		입	는	다	.						

아래와 같이 다른 답안도 쓸 수 있어요!

한복은 활동성이 좋은 전통 의상이다. 남녀 모두 위에는 저고리를 입고 아래에는 각각 통이 넓은 바지와 통이 넓은 치마를 입는다. 그래서 좌식 생활에도 편안하게 움직일 수 있다. 우리 고향의 전통 의상인 사리는 직사각형의 긴 천을 허리에 감아 어깨에 걸쳐 입는 옷이다. 여러 가지 색상과 패턴이 있어 착용 방식에 따라 다양한 스타일을 만들 수 있다는 특징이 있다.

세계문화유산

'유산'이란 조상들로부터 물려받아 현재 우리가 그 속에 살고 있으며, 미래 후손*들에게 물려줘야 할 자산을 말합니다. 이러한 유산은 다양한 문화의 형태로 나타나는데 이를 문화유산이라고 합니다.

문화유산은 다른 어떤 것으로 대체할 수 없으며, 그 형태는 매우 다양합니다. 이집트의 피라미드, 호주의 산호초, 아프리카 탄자니아의 세렝게티 평원 등 역사적·자연적으로 지나온 모든 것이 문화유산이라고 할 수 있습니다. 이렇게 미래 후손들에게 물려줘야 할 인류 보편적 가치가 있는 자연이나 문화를 보존하기 위해서 유네스코(UNESCO)에서는 이를 세계문화유산으로 지정하여 관리하고 있는데 그 종류는 다음과 같습니다.

먼저 세계문화유산은 세계유산, 무형유산, 기록유산으로 나눕니다. 세계유산은 기념물, 건축물, 유적지, 자연 지역 등 보편적 가치가 있는 유산으로 그 특성에 따라 다시 문화유산, 자연유산, 복합유산으로 나눕니다. 무형유산은 환경, 역사 등의 상호작용으로 끊임없이 재창조해 온 지식과 기술, 공연·예술, 공예, 문화적 표현을 말합니다. 즉, 우리의 눈에 보이지는 않지만 세계유산처럼 살아있는 유산이라고 할 수 있습니다. 마지막으로 기록유산은 수세기동안 존재해 온 기록물을 말합니다. 필사본과 책 등의 기록이나 자료, 그림과 음악 등의 문자가 아닌 자료, 전통적인 움직임부터 오늘날의 여러 종류의 전자 데이터까지 모두 포함한 유산입니다.

* 후손: 자신의 세대에서 여러 세대가 지난 뒤의 자녀

2025년 3월 기준, 한국은 아래와 같은 문화유산이 있습니다.

1. 세계유산

해인사 장경판전(1995), 종묘(1995), 석굴암과 불국사(1995), 화성(1997), 창덕궁(1997), 경주 역사유적지구(2000), 고창·화순·강화의 고인돌 유적(2000), 제주 화산섬과 용암 동굴(2007), 조선 왕릉(2009), 하회와 양동(2010), 남한산성(2014), 백제역사유적지구(2015), 한국의 산지 승원(2018), 한국의 서원(2019), 한국의 갯벌(2021), 가야 고분군(2023)

2. 무형유산

종묘제례 및 종묘제례악(2001), 판소리(2003), 한산 모시짜기(2004), 강릉단오제(2005), 제주 칠머리당 영등굿(2007), 매사냥(2009), 남사당놀이(2009), 처용무(2009), 강강술래(2009), 영 산재(2009), 가곡(2010), 아리랑(2010), 대목장(2010), 줄다리기(2011), 김장(2012), 농악(2014), 제주해녀문화(2016), 씨름(2018), 연등회(2020), 한국의 탈춤(2022), 장 담그기(2024)

3. 기록유산

조선왕조실록(1997), 훈민정음해례본(1997), 불조직지심체요절(下)(2001), 승정원일기(2001), 의궤(2007), 고려대장경판 및 제경판(2007), 동의보감(2009), 일성록(2011), 5·18광주 민주 화운동 기록물(2011), 난중일기(2013), 새마을운동기록물(2013), KBS '이산가족을 찾습니다' 기록물(2015), 한국의 유교책판(2015), 국채보상운동 기록물(2017), 조선왕실 어보와 어책(2017), 조선통신사에 관한 기록(2017), 동학농민혁명기록물(2023), 4·19혁명 기록물(2023)

– 출처: 유네스코와 유산

※ 여러분의 고향에는 어떤 문화유산이 있는지 써 보세요.

예 갈라파고스 제도(1978년, 2001년)

1. _____

2. _____

3. _____

4. _____

5. _____

※ 다음 문장에 들어갈 알맞은 단어를 써 보세요.

> 훈민정음 / 유교 / 과학 기술 / 불교

1. (   )은/는 삼국 시대부터 고려 시대까지 크게 발달했습니다.

2. 삼강행실도와 성균관은 (   )와/과 관련이 있습니다.

3. 고려 시대 때 (   )의 발전으로 인쇄술이 발달하여 최초의 금속 활자인 〈직지심체요절〉을 만들었습니다.

1. 다음을 읽고 빈칸에 들어갈 알맞은 말을 써 보세요.

> 조선 시대에는 나라를 강하게 만들고, 백성의 생활을 안정시키고자 과학 기술의 발전을 중요하게 생각했다. 특히 세종은 과학에 관심이 많았다. 그래서 이 시기에 앙부일구(해시계), 자격루(물시계), 혼천의(천체관측기구) 등의 발명품이 나오면서 백성들의 생활에 큰 도움이 되었다. 또한 세종은 백성들이 글을 읽고 쓸 수 있도록 훈민정음을 창제했다. 훈민정음은 '백성을 가르치는 바른 소리'라는 뜻으로 현재의 한글을 말한다.

조선 시대에는 나라를 강하게 만들고, 백성의 생활을 안정시키는 것을 중요하게 생각했다. 특히 세종 때 (㉠   ) 앙부일구, 자격루 등 여러 발명품들이 이 시기에 나오면서 (㉡   ). 또한 세종은 (㉢   ) 백성들이 글을 읽고 쓸 수 있도록 했다.

2. 다음을 읽고 단어를 활용하여 문장을 만들어 보세요.

> 추석 / 음력 8월 15일 → <u>추석은 음력 8월 15일입니다.</u>

1) 문화유산 / 다양한 형태 → _____

2) 세계유산 / 보편적 가치가 있는 유산 → _____

3) 무형유산 / 눈에 보이지 않는 유산 → _____

1. 한국의 문화유산 중 어떤 문화유산을 알고 있습니까?
2. 그 문화유산의 특징은 무엇입니까?
3. 그 문화유산이 한국 사람들에게 어떤 영향을 주었습니까?

1. 한국의 문화유산 중 어떤 문화유산을 알고 있습니까?

한국의 문화유산 중 ＿＿＿＿＿＿＿＿＿＿＿＿＿＿＿＿＿＿＿＿＿＿＿을/를 알고 있다.

쓸 Tip   여러분이 알고 있는 한국의 문화유산 중 하나를 선택하여 써 봅시다.

예시답안   한국의 문화유산 중 불국사를 알고 있다.

2. 그 문화유산의 특징은 무엇입니까?

＿＿＿＿＿＿＿＿＿＿＿은/는 ＿＿＿＿＿＿＿＿＿＿＿＿ 때 만들어진 문화유산이다.
＿＿＿＿＿＿＿＿＿＿＿＿＿＿＿＿＿＿＿＿＿＿＿＿＿＿이/가 특징적이다.

쓸 Tip   그 문화유산은 어느 시대 때 만들어졌는지, 어떤 의미가 있는지, 어떤 특징을 가진 물건인지 등을 정리하여 쓰는 것이 좋습니다.

예시답안   불국사는 통일신라 때 만들어진 문화유산이다. 경상북도 경주시에 있는 사찰로 산과 어우러져 계절마다 변하는 자연경관을 느낄 수 있는 점이 특징적이다.

3. 그 문화유산이 한국 사람들에게 어떤 영향을 주었습니까?

＿＿＿＿＿＿＿은/는 한국의 ＿＿＿＿＿＿＿＿＿＿＿＿＿＿＿＿＿＿＿ 문화를 보여 준다.

쓸 Tip   '한국의 ～ 문화를 보여 준다.'라는 표현을 써서 그 문화유산이 한국 사람들에게 어떤 영향을 주었는지 의미를 생각하여 쓰는 것이 좋습니다.

예시답안   석굴암, 다보탑, 청운교 등 다양한 문화유산이 있는 불국사는 한국의 불교문화를 보여 준다.

※ 다음 내용을 포함하여 '한국의 문화유산'이라는 제목으로 글을 쓰시오.

• 한국의 문화유산 중 어떤 문화유산을 알고 있습니까?

• 그 문화유산의 특징은 무엇입니까?

(단, 답안지에 제목은 생략하고 <u>본문만 쓰세요</u>.)

🔍 다시 확인하기

☑ 하나의 글에 2가지 질문에 대한 답이 모두 들어가야 합니다.

☑ 2가지 질문에 대한 답이 자연스럽게 연결되어야 합니다.

☑ '-(으)ㄴ/는다, -(이)다'의 문어체로 글을 작성해야 합니다.

☑ 글을 쓰기 전에 자기 나라 말로 한번 생각해 본 후 글을 쓰는 것도 좋은 방법입니다.

☑ 글을 쓸 때 자신이 쓴 문장이 자연스러운지, 맞춤법은 맞게 썼는지 다시 읽어봐야 합니다.

	한	국	의		문	화	유	산		중		불	국	사	는		경	상	북
도		경	주	시	에		있	는		절	로		한	국	의		불	교	문
화	를		알		수		있	는		장	소	이	다	.		특	히		불	국
사		안	에		있	는		석	굴	암	은		한	국		불	교	의	
역	사	와		아	름	다	움	을		느	낄		수		있	다	.		

아래와 같이 다른 답안도 쓸 수 있어요!

한국의 문화유산 중 종묘는 조선 시대 왕과 왕비를 모시고 제사를 지내는 곳이다. 제사를 지내는 과정을 통해 한국의
유교문화를 알 수 있어 세계유산에 등록될 만큼 중요한 곳이다.

※ 다음 내용을 포함하여 '한국의 문화유산'이라는 제목으로 글을 쓰시오.

- 한국의 문화유산 중 어떤 문화유산을 알고 있습니까?
- 그 문화유산의 특징은 무엇입니까?
- 그 문화유산이 한국 사람들에게 어떤 영향을 주었습니까?

(단, 답안지에 제목은 생략하고 <u>본문만 쓰세요</u>.)

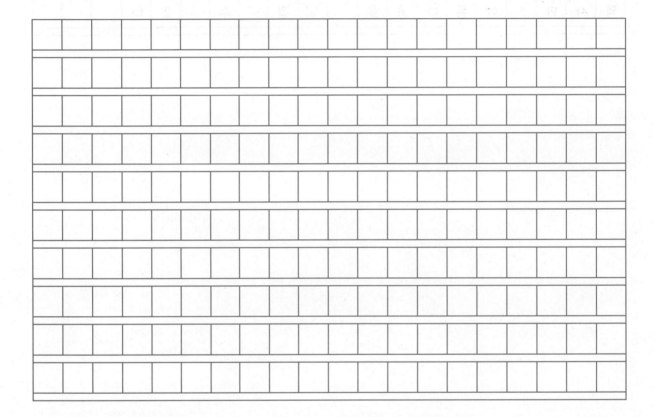

🔍 **다시 확인하기**

☑ 하나의 글에 3가지 질문에 대한 답이 모두 들어가야 합니다.

☑ 3가지 질문에 대한 답이 자연스럽게 연결되어야 합니다.

☑ '-(으)ㄴ/는다, -(이)다'의 문어체로 글을 작성해야 합니다.

☑ 글을 쓰기 전에 자기 나라 말로 한번 생각해 본 후 글을 쓰는 것도 좋은 방법입니다.

☑ 글을 쓸 때 자신이 쓴 문장이 자연스러운지, 맞춤법은 맞게 썼는지 다시 읽어봐야 합니다.

	내	가		알	고		있	는		한	국	의		문	화	유	산	에	는
불	국	사	가		있	다	.	불	국	사	는		경	상	북	도		경	주
시	에		있	는		사	찰	로		한	국	의		대	표	적	인		절
중		하	나	이	다	.	불	국	사	는		산	과		어	우	러	진	
건	축	물	로		계	절	마	다		변	하	는		자	연	경	관	을	
느	낄		수		있	다	.	또	한		불	국	사		안	에	는		석
굴	암	,	다	보	탑	,	청	운	교		등		다	양	한		문	화	유
산	이		있	어		한	국		사	람	들	은		수	학	여	행	으	로
불	국	사	에		방	문	하	여		한	국		불	교	의		문	화	적
가	치	를		배	우	기	도		한	다	.								

아래와 같이 다른 답안도 쓸 수 있어요!

내가 알고 있는 한국의 문화유산에는 종묘가 있다. 종묘는 조선 시대 왕과 왕비를 모시고 제사를 지내는 사당이다. 이 곳에서는 전통 음악에 맞춰 제사를 지내는데 먼저 신을 맞이하고 음식과 술을 올려 신을 즐겁게 해 드린 다음 다시 보내드린다. 이러한 제사 문화는 예를 중시하는 한국인의 정서이며, 종묘는 제사를 지내는 한국의 유교문화를 보여 주는 장소이다.

한국을 대표하는 상징들

세계의 각 나라마다 그 나라를 대표하는 상징들이 있습니다. 대한민국을 대표하는 상징에 대해 알고 계십니까? 대한민국의 국기, 국가, 국화, 문자는 각각 의미를 지니고 있습니다.

먼저, 대한민국(大韓民國, Republic of Korea)이란 이름은 '국민을 위하는 나라'라는 의미가 있습니다. 그리고 이를 바탕으로 만들어진 한국의 국기인 태극기에도 깊은 의미가 있습니다. 흰 바탕의 가운데는 태극 문양이 있고, 위아래에는 검은색 4괘(건, 곤, 감, 리)가 있습니다. 태극기의 흰색은 밝음과 순수를 의미하며 태극 문양은 존귀*와 희망이라는 의미가 있습니다. 그리고 검은색 4괘는 각각 하늘, 땅, 물, 불을 의미합니다.

또한 한국의 국가는 애국가라고 합니다. 애국가는 '나라를 사랑하는 국민의 마음을 담은 노래'라는 의미로, 총 4절로 구성되어 있습니다. 그리고 한국의 국화는 무궁화입니다. 무궁화는 '영원한 생명력을 지녀 피고 지더라도 또다시 피는 꽃'이라는 의미로 한국인의 끈기와 의지를 보여줍니다. 무궁화는 나라의 문장(symbol)으로도 많이 쓰입니다.

마지막으로 한국의 문자는 한글로, 1443년에 세종대왕이 만들었습니다. 한글은 14개의 자음과 10개의 모음으로 이루어져 있으며, 옛 이름은 훈민정음으로 '백성을 가르치는 바른 소리'라는 의미입니다. 그리고 〈훈민정음 해례본〉이 만들어진 10월 9일을 한글날로 지정하여 기념하고 있습니다.

* 존귀: 지위가 높고 귀함

※ 한국의 상징과 고향의 상징을 비교해 써 보세요.

구분	한국	_____
국기	태극기	
국화	무궁화	
국가	애국가	
문자	한글	

어휘 더하기

※ 단어와 그 의미가 서로 알맞은 것을 연결하세요.

1. 무궁화 •   • ㉠ 민족의 화합과 통일, 인류의 행복과 평화

2. 태극기 •   • ㉡ 나라를 사랑하는 국민의 마음을 담은 노래

3. 애국가 •   • ㉢ 피고 지더라도 다시 피는 꽃

1. 다음을 읽고 빈칸에 들어갈 알맞은 말을 써 보세요.

> 태극기는 한국의 국기로, 태극기의 흰 바탕은 밝음과 순수, 가운데의 태극 문양은 존귀와 희
> 망, 네 모서리의 검은색 4괘는 각각 하늘, 땅, 물, 불을 상징한다. 애국가는 한국의 국가로,
> 나라를 사랑하는 국민의 마음을 담은 노래라는 의미가 있다. 무궁화는 한국의 국화로, 영원
> 한 생명력을 지녀 피고 지더라도 또다시 피는 꽃이라는 의미가 있다.

태극기는 (㉠   ) 구성되어 있으며, 주로 국경일이나 기념일에 자신의 집 대문
이나 창문에 다는 것이 일반적이다. 다음으로 애국가는 (㉡   ) 의미이며, 총
4절로 구성되어 있다. 마지막으로 무궁화는 (㉢   ) 의미이며, 나무 하나에
이천 여 개의 꽃이 핀다.

2. 다음을 읽고 단어를 활용하여 문장을 만들어 보세요.

> 추석 / 음력 8월 15일 → <u>추석은 음력 8월 15일입니다.</u>

1) 대한민국 / 국민을 위한 나라 / 뜻 → _____

2) 태극 문양 / 존귀와 희망 → _____

3) 무궁화 / 끈기와 의지 → _____

4) 훈민정음 / 1443년 / 세종대왕 → _____

> 1. 한국의 상징 중 어떤 것을 알고 있습니까?
> 2. 그 상징이 가진 의미는 무엇입니까?
> 3. 고향의 상징과 비교해 다른 점은 무엇입니까?

1. 한국의 상징 중 어떤 것을 알고 있습니까?

한국을 대표하는 _____은/는 _____.

쓸 Tip | 한국을 대표하는 것에 대해 미리 알아두면 좋습니다. 그중 자신이 가장 잘 알고 있는 하나를 선택하여 쓰는 것이 좋습니다.

예시답안 | 한국을 대표하는 문자는 한글이다.

2. 그 상징이 가진 의미는 무엇입니까?

_____(에)는 _____(이)라는 의미가 있다. _____.

_____.

쓸 Tip | 그 상징이 어떤 의미가 있는지 생각하여 쓰는 것이 좋습니다. '~(에)는 ~(이)라는/(ㄴ/는)다는 뜻이 있다.'라는 표현으로도 쓸 수 있습니다.

예시답안 | 한글의 옛 이름은 훈민정음으로, 한글에는 백성을 가르치는 바른 소리라는 의미가 있다. 조선 시대 때 세종대왕이 창제하였으며, 한글은 자음 열네 자와 모음 열 자로 이루어져 스물네 자만으로 모든 글자를 나타낼 수 있는 과학적이고 훌륭한 문자이다.

3. 고향의 상징과 비교해 다른 점은 무엇입니까?

고향의 _____와/과 비교하면 _____.

_____은/는 _____.

쓸 Tip | 고향의 상징에는 어떤 것이 있는지, 그 의미는 무엇인지 한국의 상징과 비교하여 생각한 후 쓰는 것이 좋습니다.

예시답안 | 고향의 한자와 비교하면 한자는 외워야 하는 글자가 많은데, 한글은 한자보다 배우기 쉬울 뿐만 아니라 읽고 쓰기가 편하다는 장점이 있다.

※ 다음 내용을 포함하여 '한국의 상징'이라는 제목으로 글을 쓰시오.

- 한국의 상징 중 어떤 것을 알고 있습니까?
- 그 상징이 가진 의미는 무엇입니까?

(단, 답안지에 제목은 생략하고 <u>본문만 쓰세요.</u>)

🔍 다시 확인하기

☑ 하나의 글에 2가지 질문에 대한 답이 모두 들어가야 합니다.

☑ 2가지 질문에 대한 답이 자연스럽게 연결되어야 합니다.

☑ '-(으)ㄴ/는다, -(이)다'의 문어체로 글을 작성해야 합니다.

☑ 글을 쓰기 전에 자기 나라 말로 한번 생각해 본 후 글을 쓰는 것도 좋은 방법입니다.

☑ 글을 쓸 때 자신이 쓴 문장이 자연스러운지, 맞춤법은 맞게 썼는지 다시 읽어봐야 합니다.

	한	글	은		한	국	의		문	화	를		대	표	한	다	.		옛
이	름	은		훈	민	정	음	으	로	,		백	성	을		가	르	치	는
바	른		소	리	라	는		뜻	을		지	니	고		있	다	.		만	들
어	진		원	리	가		과	학	적	이	며	,		배	우	기		쉽	고	,
읽	고		쓰	기		편	하	다	는		장	점	이		있	다	.		

아래와 같이 다른 답안도 쓸 수 있어요!

무궁화는 한국을 상징하는 꽃으로, 피고 지더라도 또다시 피는 꽃이라는 뜻이 있다. 또 무궁화는 어떤 환경에서도 잘 자라고, 나쁜 공기에도 강해서 근면과 끈기를 상징하기도 한다.

종합평가 원고지 쓰기

※ 다음 내용을 포함하여 '한국의 상징'이라는 제목으로 글을 쓰시오.

- 한국의 상징 중 어떤 것을 알고 있습니까?
- 그 상징이 가진 의미는 무엇입니까?
- 고향의 상징과 비교해 다른 점은 무엇입니까?

(단, 답안지에 제목은 생략하고 <u>본문만</u> 쓰세요.)

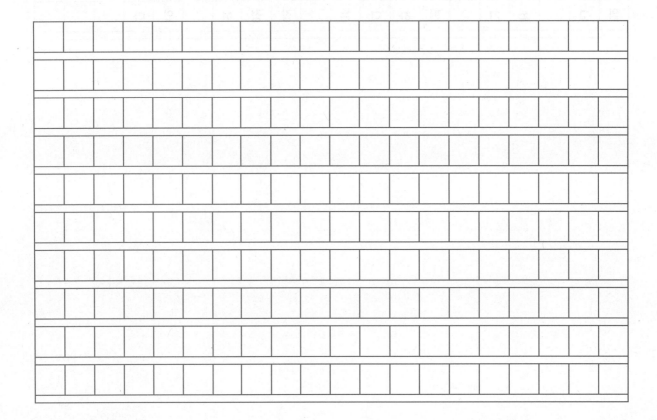

🔍 **다시 확인하기**

☑ 하나의 글에 3가지 질문에 대한 답이 모두 들어가야 합니다.

☑ 3가지 질문에 대한 답이 자연스럽게 연결되어야 합니다.

☑ '-(으)ㄴ/는다, -(이)다'의 문어체로 글을 작성해야 합니다.

☑ 글을 쓰기 전에 자기 나라 말로 한번 생각해 본 후 글을 쓰는 것도 좋은 방법입니다.

☑ 글을 쓸 때 자신이 쓴 문장이 자연스러운지, 맞춤법은 맞게 썼는지 다시 읽어봐야 합니다.

한	국	을		대	표	하	는		문	자	는		한	글	이	다	.		한
글	의		옛		이	름	은		훈	민	정	음	으	로	,		조	선		시
대		때		세	종	대	왕	이		창	제	하	였	다	.		한	글	은	
자	음		열	네		자	와		모	음		열		자	로		이	루	어
져		스	물	네		자	만	으	로		모	든		글	자	를		나	타
낼		수		있	는		과	학	적	이	고		훌	륭	한		문	자	이
다	.	우	리		고	향	의		한	자	와		비	교	하	면		한	자
는		외	워	야		하	는		글	자	가		많	은	데	,		한	글	은
한	자	보	다		배	우	기		쉬	울		뿐	만		아	니	라		읽
고		쓰	기	가		편	하	다	는		장	점	이		있	다	.		

아래와 같이 다른 답안도 쓸 수 있어요!

한국을 상징하는 꽃은 무궁화이다. 무궁화는 피고 지더라도 또다시 피는 꽃이라는 뜻이 있다. 또 어떤 환경에서도 잘 자라고, 강한 생명력을 지녀 근면과 끈기를 상징한다. 우리 고향의 나라꽃은 빨간 카네이션이다. 한국에서는 존경과 감사를 상징하지만, 고향에서는 열정을 상징한다. 그래서 열정의 꽃이라고도 하며, 열정의 나라인 우리 고향과 잘 어울린다고 생각한다.

한국의 여가 문화

한국인의 하루 평균 여가* 시간은 약 4시간 50분 정도이며 주로 평일에는 TV 시청, 인터넷 등 미디어를 이용하고, 주말에는 여행과 운동 등으로 여가 시간을 보낸다고 합니다. 특히 2000년대 이후, 주 5일 근무제가 실시되면서 한국인의 여가 활동 종류는 더욱 다양해졌습니다. 그리고 2018년에는 '국민여가활성화기본법'이 생기면서 공연장, 도서관, 공원, 공공 체육 시설 등 다양한 여가 시설이 세워지고, 여행길이나 자전거 길을 만드는 등 정부와 지방자치단체에서도 국민 생활 증진*과 여가 문화의 확대를 위해 많은 노력을 기울이고 있습니다.

한국 경제가 성장하고 사람들의 생활수준이 향상되면서, 여가 활동은 단순히 시간을 보내는 활동에서 벗어나 점차 개인의 자아실현과 삶의 질을 향상할 수 있는 활동으로도 범위를 넓히고 있습니다. 더불어, 여가에 대한 사람들의 인식도 변화하고 있습니다. 이러한 변화는 사회에서 다양한 모습으로 확인할 수 있는데, 대표적으로 일과 삶의 균형을 뜻하는 워라밸(Work-life balance)이 있습니다. 워라밸은 일에만 치우치지 않고 개인의 여가 시간을 즐길 수 있는 삶, 즉 개인의 삶과 일의 균형을 의미하며, 이는 연봉에 상관없이 높은 업무 강도에 시달리거나 잦은 야근 등으로 개인적인 삶이 없어진 한국 사회에서 직장이나 직업을 선택할 때 고려하는 중요한 조건 중 하나가 되었습니다.

* 여가: 경제 활동 이외에 개인이 자유롭게 사용할 수 있는 시간
* 증진: 기운이나 세력이 점점 더 늘어 가고 나아감

※ 한국의 문화생활과 관련하여 여러분이 알고 있는 것을 모두 써 보세요.

예 문 앞으로 배송받는 한국의 택배 문화, 한 시간 안에 도착하는 한국의 배달 문화 등

1. _____

2. _____

3. _____

※ 다음 문장에 들어갈 알맞은 단어를 써 보세요.

아이돌 / 한류 / 대중문화 / 휴식 / 주 5일제

1. (   )은/는 대중 사회에서 다수의 사람이 공통으로 누리는 문화를 말합니다.

2. 우상처럼 떠받들어지며 큰 인기를 얻고 있는 연예인으로, 주로 10대부터 20대까지를 대상으로 높은 인기를 얻는 연예인을 (   )(이)라고 합니다.

3. 2000년대 전후로 K-pop과 K-drama 등이 세계적으로 인기를 끈 것은 (   ) 덕분입니다.

4. 요즘 바쁜 직장인들에게 (   )이/가 매우 중요해졌습니다. 잘 쉬어야 업무 효율도 높아지기 때문입니다.

1. 다음을 읽고 빈칸에 들어갈 알맞은 말을 써 보세요.

> 최근 한국에서는 일이나 사회적 성공보다 개인의 행복이 더 중요하다고 생각하는 사람이 많
> 아지고 있다. 이에 일과 생활이 균형 잡힌 삶을 의미하는 워라밸(Work-life balance)이라
> 는 말이 생겼다.

얼마 전까지만 해도 한국 사람들은 사회에서 인정을 받고, 높은 연봉을 받는 것이 성공이라고 생각
했다. 그러나 최근에는 (㉠   ) 개인의 행복이 더 중요하다고 생각하는 사람이
많아지면서 일과 삶의 균형을 의미하는 (㉡   ) 말이 생겼다.

2. 다음을 읽고 단어를 활용하여 문장을 만들어 보세요.

> 추석 / 음력 8월 15일 → 추석은 음력 8월 15일입니다.

1) 2018년 / 국민여가활성화기본법 → _____

2) 워라밸 / 일과 삶의 균형 → _____

3) 대중 매체 / 책, 라디오, 텔레비전 → _____

4) 한류 / 한국의 대중문화 → _____

1. 한국에서 경험한 문화생활 중 어떤 것이 가장 기억에 남습니까?
2. 어떤 곳을 방문했으며, 그곳에 가서 어떤 문화생활을 경험했습니까?
3. 한국의 문화생활을 경험하며 어떤 생각이 들었습니까?

1. 한국에서 경험한 문화생활 중 어떤 것이 가장 기억에 남습니까?

한국의 _____ 이/가 가장 기억에 남는다.

쓸 Tip 한국에서 경험한 문화 또는 문화생활 중 가장 인상 깊었던 것을 쓰는 것이 좋습니다. '한국의 ~은/는 ~문화다.'라는 표현으로도 쓸 수 있습니다.

예시답안 한국의 찜질방이 가장 기억에 남는다.

2. 어떤 곳을 방문했으며, 그곳에 가서 어떤 문화생활을 경험했습니까?

_____. _____은/는 _____(으)로,

_____ 아/어 있어 _____.

쓸 Tip 언제, 어디에서, 어떤 경험을 했는지 쓰면 됩니다. '있다/했다/갔다/먹었다/좋았다/재밌었다' 등 다양한 표현을 쓸 수 있습니다.

예시답안 작년에 처음으로 친구들과 찜질방에 갔다. 찜질방은 한국의 전통적인 사우나 시설로, 사우나뿐만 아니라 여러 가지 편의 시설과 휴식 공간이 마련되어 있어 여러 명이 쉬거나 이야기를 나눌 수 있다.

3. 한국의 문화생활을 경험하며 어떤 생각이 들었습니까?

_____ 생각한다.

쓸 Tip 자신이 경험한 한국의 문화생활에 대한 느낀 점을 쓰면 됩니다. '~라고 생각했다.', '~라는 생각이 들었다.' 등 다양한 표현을 쓸 수 있습니다.

예시답안 친구들과 사우나 안에서 깊은 대화를 나누며 사이가 더욱 좋아졌다. 이번 겨울에도 친구들과 함께 찜질방에 가면 좋겠다고 생각한다.

중간평가 원고지 쓰기

※ 다음 내용을 포함하여 '한국의 문화생활'이라는 제목으로 글을 쓰시오.

> • 한국에서 경험한 문화생활 중 어떤 것이 가장 기억에 남습니까?
>
> • 어떤 곳을 방문했으며, 그곳에 가서 어떤 문화생활을 경험했습니까?

(단, 답안지에 제목은 생략하고 본문만 쓰세요.)

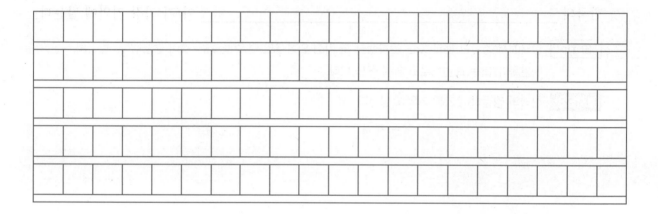

🔍 다시 확인하기

☑ 하나의 글에 2가지 질문에 대한 답이 모두 들어가야 합니다.

☑ 2가지 질문에 대한 답이 자연스럽게 연결되어야 합니다.

☑ '–(으)ㄴ/는다, –(이)다'의 문어체로 글을 작성해야 합니다.

☑ 글을 쓰기 전에 자기 나라 말로 한번 생각해 본 후 글을 쓰는 것도 좋은 방법입니다.

☑ 글을 쓸 때 자신이 쓴 문장이 자연스러운지, 맞춤법은 맞게 썼는지 다시 읽어봐야 합니다.

	찜	질	방	은		독	특	하	고		다	양	한		경	험	을		제
공	하	는		한	국	의		사	우	나		문	화	이	다	.		한		달
전		친	구	들	과		함	께		찜	질	방	에		방	문	했	을	
때	,	다		같	이		식	혜	와		구	운		계	란	을		사	
먹	고		소	금	방	에	서		찜	질	을		즐	겼	다	.			

아래와 같이 다른 답안도 쓸 수 있어요!

한국의 PC방이 가장 기억에 남는다. 작년에 처음 가 봤는데 인터넷 속도가 빠르고, 깨끗하고 넓어서 참 좋았다. 또 PC 방에서는 친구들과 이야기를 나누면서 게임을 하니 더 재미있게 느껴졌다.

※ 다음 내용을 포함하여 '한국의 문화생활'이라는 제목으로 글을 쓰시오.

- 한국에서 경험한 문화생활 중 어떤 것이 가장 기억에 남습니까?
- 어떤 곳을 방문했으며, 그곳에 가서 어떤 문화생활을 경험했습니까?
- 한국의 문화생활을 경험하며 어떤 생각이 들었습니까?

(단, 답안지에 제목은 생략하고 <u>본문만</u> 쓰세요.)

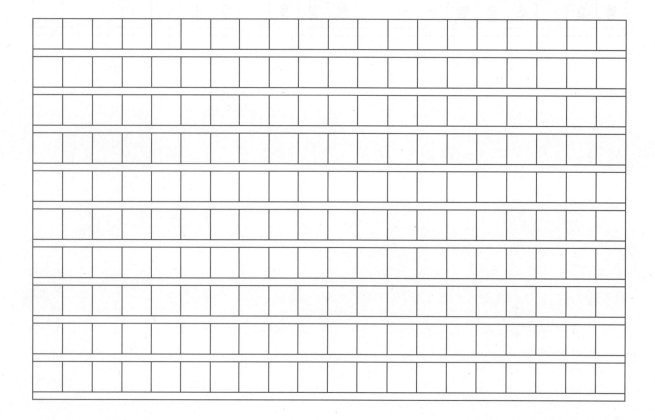

🔍 **다시 확인하기**

- ☑ 하나의 글에 3가지 질문에 대한 답이 모두 들어가야 합니다.
- ☑ 3가지 질문에 대한 답이 자연스럽게 연결되어야 합니다.
- ☑ '-(으)ㄴ/는다, -(이)다'의 문어체로 글을 작성해야 합니다.
- ☑ 글을 쓰기 전에 자기 나라 말로 한번 생각해 본 후 글을 쓰는 것도 좋은 방법입니다.
- ☑ 글을 쓸 때 자신이 쓴 문장이 자연스러운지, 맞춤법은 맞게 썼는지 다시 읽어봐야 합니다.

예시답안(200자)

	찜	질	방	이		가	장		기	억	에		남	는	다	.	찜	질	방
은		한	국	의		전	통	적	인		사	우	나		시	설	로	,	사
우	나	뿐	만		아	니	라		여	러		가	지		편	의		시	설
과		휴	식		공	간	이		마	련	되	어		있	어		여	러	
명	이		쉬	거	나		이	야	기	를		나	눌		수		있	다	.
작	년	에		처	음	으	로		친	구	들	과		찜	질	방	에		갔
을		때	,	사	우	나		안	에	서		깊	은		대	화	를		나
누	며		친	구	들	과		사	이	가		더	욱		가	까	워	졌	다.
이	번		겨	울	에	도		친	구	들	과		찜	질	방	에		가	면
좋	겠	다	고		생	각	한	다	.										

아래와 같이 다른 답안도 쓸 수 있어요!

한국의 PC방이 가장 기억에 남는다. 작년에 처음 친구를 따라 한국 PC방에 가 봤는데 깨끗하고 넓은 공간에 음식도 주문하여 먹을 수 있고, 인터넷 속도도 빨라서 좋았다. 집에서 혼자 게임을 하면 심심한데 PC방에서는 친구들과 이야기를 나누면서 재미있게 게임을 할 수 있어서 친구들과 자주 갔다. 고향에도 한국의 PC방 문화가 들어오면 좋겠다고 생각한다.

건강과 가족

여러분의 삶에서 가장 중요하게 생각하는 것은 무엇인가요? 사람들마다 중요하게 생각하는 것은 다르겠지만 대부분의 사람이 중요하다고 생각하는 것 중에서 건강과 가족은 빠질 수 없을 것입니다. 건강이 중요한 이유는 무엇일까요? 건강하게 살기 위해서는 어떤 습관들이 필요할까요?

또한 과거 한국은 한 집에 할아버지와 할머니부터 여러 식구가 사는 확대가족이 대부분이었으나 현대에는 가족의 형태가 다양해지며 가족의 개념도 달라지고 있습니다. 사회통합프로그램 작문형 문제에서는 건강 및 가족과 관련된 문제가 종종 출제되고 있습니다. 건강과 가족에 어떤 문제가 나오는지 함께 알아볼까요?

건강을 지키는 나만의 방법

건강이란 정신적·육체적으로 튼튼한 상태를 말합니다. 현대 사회에서는 평균 수명이 늘어나며 건강에 대한 중요성도 커지고 있습니다. 인간의 수명이 늘어난 만큼 질병을 이겨내야만 하는 기간도 늘어났기 때문입니다. 그래서 우리는 바쁜 생활 속에서도 자신의 건강을 지키는 것이 굉장히 중요합니다. 건강해야 아프지 않고, 하고 싶은 일을 하면서 행복하고 오래 살 수 있기 때문입니다. 건강을 지키는 방법에는 다음과 같은 것들이 있습니다.

가장 먼저 식습관이 중요합니다. 즉 영양이 풍부한 과일, 채소, 단백질 등의 건강한 음식을 골고루 먹는 식단이 중요합니다. 그리고 물을 많이 마시는 습관이 좋습니다. 하루에 2L 정도의 물을 마시는 것이 좋은데, 물은 몸의 기능을 유지하고 건강하게 만드는 데 도움을 줍니다. 또 하루에 최소한 2시간 이상의 유산소 운동을 하면 근육과 뼈를 건강하게 만들 수 있어서 좋습니다. 걷기, 수영, 테니스 등의 다양한 운동 중 자신에게 맞는 운동을 선택하여 꾸준히 하는 것이 가장 중요합니다. 마지막으로는 충분한 휴식이 필요합니다. 스트레스는 건강에 나쁜 영향을 줍니다. 그렇기 때문에 규칙적으로 충분한 수면을 취하고, 필요한 경우 휴식이나 여가 시간을 가지면서 몸과 마음에 여유를 줘서 스트레스를 관리하는 것이 좋습니다.

계절별로 건강을 지킬 수 있는 방법도 있습니다. 봄에는 미세 먼지와 황사 등으로 공기가 나빠져 호흡기 건강이 안 좋아질 수 있기 때문에 외출할 때 마스크를 쓰고, 외출 후에는 꼭 손을 씻어야 합니다. 그리고 여름에는 날씨가 더워 열이 나고, 몸이 쉽게 피로해지므로 물을 자주 마셔주는 것이 좋습니다. 가을에는 습도가 낮아지면서 점점 건조해지기 시작합니다. 그래서 피부와 호흡기 건강이 안 좋아질 수 있기 때문에 물을 많이 마시는 것이 중요합니다. 겨울에는 날씨가 추워 머리가 아프고, 감기에 걸리기 쉽기 때문에 옷을 따뜻하게 입어야 합니다.

※ 건강을 지키는 나만의 방법을 써 보세요.
예 물 많이 마시기, 매일 1시간씩 운동하기, 보양식 먹기 등

1. _____

2. _____

3. _____

어휘 더하기

※ 다음 문장에 들어갈 알맞은 단어를 써 보세요.

> 휴식 / 균형 있는 식단 / 스트레스 / 유산소 운동

1. 영양이 풍부한 음식을 골고루 먹는 (   )이/가 중요합니다.

2. 하루에 최소 2시간 이상의 (   )을/를 하면 근육과 뼈를 건강하게 만들 수 있습니다.

3. (   )은/는 건강에 나쁜 영향을 줄 수 있기 때문에 충분히 쉬면서 관리하는 것이 중요합니다.

문장 만들기

1. 다음을 읽고 빈칸에 들어갈 알맞은 말을 써 보세요.

> **〈미세 먼지 건강 수칙 3가지〉**
> 1. 미세 먼지가 심할 때는 실외 활동을 줄이세요.
> 2. 외출 시에는 코와 입을 모두 가릴 수 있도록 마스크를 착용해 주세요.
> 3. 귀가 시에는 올바른 손 씻기 등 개인위생 관리를 철저히 해 주세요.

황사와 미세 먼지가 심한 날에는 (㉠   ), 만약 외출을 해야 한다면 반드시 (㉡   ). 또 외출 후 집에 돌아오면 (㉢   ) 깨끗하게 관리해야 한다.

1. 봄(또는 여름, 가을, 겨울)에 일어날 수 있는 대표적인 질병에는 무엇이 있습니까?
2. 봄철 건강을 지키는 것이 중요한 이유는 무엇입니까?
3. 봄철 건강을 지키는 나만의 방법에는 어떤 것이 있습니까?

1. 봄에 일어날 수 있는 대표적인 질병에는 무엇이 있습니까?

봄에 일어날 수 있는 질병에는 _____, _____, _____ 등으로 인한 알레르기가 있다. 또 _____.

쓸 Tip 한국의 봄(또는 여름, 가을, 겨울)에 일어날 수 있는 대표적인 질병에 대해 미리 알아두면 좋습니다.

예시답안 봄에 일어날 수 있는 질병에는 미세 먼지, 황사, 꽃가루 등으로 인한 알레르기가 있다. 또 봄에는 날씨가 갑자기 더워지거나 추워져서 감기에 걸리는 사람도 많다.

2. 봄철 건강을 지키는 것이 중요한 이유는 무엇입니까?

_____기 위해서는 _____이/가 중요하다.

쓸 Tip 건강을 지키는 것이 중요한 이유에 대해 자신의 생각을 쓰는 것이 좋습니다.

예시답안 아프지 않고 행복하게 살기 위해서는 건강을 지키는 것이 중요하다.

3. 봄철 건강을 지키는 나만의 방법에는 어떤 것이 있습니까?

봄철 건강을 지키려면 _____, _____, _____면서 _____
_____이/가 좋다.

쓸 Tip 건강을 지키는 나만의 방법(손 씻기, 일찍 자기, 운동하기 등)에 무엇이 있는지 생각하여 쓰는 것이 좋습니다.

예시답안 봄철 건강을 지키려면 손을 자주 씻고, 따뜻한 물을 자주 마시고, 규칙적인 운동을 하면서 봄에 먹을 수 있는 신선한 과일과 채소를 먹는 것이 좋다.

※ 다음 내용을 포함하여 '건강을 지키는 방법'이라는 제목으로 글을 쓰시오.

- 건강을 지키는 것이 중요한 이유는 무엇입니까?
- 건강을 지키는 나만의 방법에는 어떤 것이 있습니까?

(단, 답안지에 제목은 생략하고 <u>본문만 쓰세요</u>.)

🔎 다시 확인하기

☑ 하나의 글에 2가지 질문에 대한 답이 모두 들어가야 합니다.

☑ 2가지 질문에 대한 답이 자연스럽게 연결되어야 합니다.

☑ '–(으)ㄴ/는다, –(이)다'의 문어체로 글을 작성해야 합니다.

☑ 글을 쓰기 전에 자기 나라 말로 한번 생각해 본 후 글을 쓰는 것도 좋은 방법입니다.

☑ 글을 쓸 때 자신이 쓴 문장이 자연스러운지, 맞춤법은 맞게 썼는지 다시 읽어봐야 합니다.

	일	상	생	활	에	서		활	동		능	력	을		높	이	고		더
많	은		즐	거	움	과		만	족	을		느	끼	기		위	해	서	는
건	강	을		지	키	는		것	이		중	요	하	다	.	나	는		매
일		30	분		이	상		운	동	을		하	고		물	을		많	이
마	시	는		방	법	으	로		건	강	을		지	키	고		있	다	.

아래와 같이 다른 답안도 쓸 수 있어요!

아프지 않고 오래 건강하게 가족과 살기 위해서는 건강을 지키는 것이 중요하다. 건강을 지키려면 손을 자주 씻고, 규칙적인 운동을 하며 신선한 제철 과일과 채소를 먹는 것이 좋다.

※ 다음 내용을 포함하여 '건강을 지키는 방법'이라는 제목으로 글을 쓰시오.

- 봄에 일어날 수 있는 대표적인 질병에는 무엇이 있습니까?
- 봄철 건강을 지키는 것이 중요한 이유는 무엇입니까?
- 봄철 건강을 지키는 나만의 방법에는 어떤 것이 있습니까?

(단, 답안지에 제목은 생략하고 <u>본문만</u> 쓰세요.)

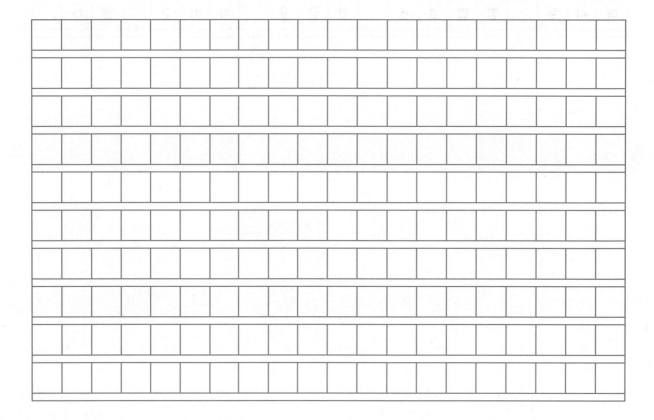

🔍 **다시 확인하기**

☑ 하나의 글에 3가지 질문에 대한 답이 모두 들어가야 합니다.

☑ 3가지 질문에 대한 답이 자연스럽게 연결되어야 합니다.

☑ '–(으)ㄴ/는다, –(이)다'의 문어체로 글을 작성해야 합니다.

☑ 글을 쓰기 전에 자기 나라 말로 한번 생각해 본 후 글을 쓰는 것도 좋은 방법입니다.

☑ 글을 쓸 때 자신이 쓴 문장이 자연스러운지, 맞춤법은 맞게 썼는지 다시 읽어봐야 합니다.

	봄	에		일	어	날		수		있	는		질	병	에	는		미	세
먼	지	,	황	사	,	꽃	가	루		등	으	로		인	한		알	레	르
기	가		있	다	.	또		봄	에	는		날	씨	가		갑	자	기	
더	워	지	거	나		추	워	져	서		감	기	에		걸	리	는		사
람	도		많	다	.	아	프	지		않	고		행	복	하	게		살	기
위	해	서	는		건	강	을		지	키	는		것	이		중	요	하	다.
봄	철		건	강	을		지	키	려	면		손	을		자	주		씻	고,
따	뜻	한		물	을		자	주		마	시	고	,	규	칙	적	인		운
동	을		하	면	서		봄	에		먹	을		수		있	는		신	선
한		과	일	과		채	소	를		먹	는		것	이		좋	다	.	

아래와 같이 다른 답안도 쓸 수 있어요!

여름에 일어날 수 있는 질병에는 열사병이 있다. 열사병은 뜨거운 날씨에 몸 안에서 발생한 열을 배출하지 못하는 병이다. 여름철 높은 온도에 오랜 시간 노출되면 열사병으로 인한 고열과 구토 증상이 나타날 수 있다. 여름철 열사병에 대비하기 위해서는 물을 충분히 마셔 몸 안의 수분을 유지하고, 더운 날씨에는 야외 활동을 자제하는 것이 중요하다.

좋은 생활 습관과 나쁜 생활 습관

습관은 우리가 생각하지 않아도 일상 속에서 자연스럽게 익혀져 이루어지는 행동을 말합니다. 이런 습관은 우리를 더 건강하게 만들기도 하고, 우리의 건강을 나쁘게 만들기도 합니다. 예를 들어 매일 운동을 하는 습관은 우리를 건강하게 만드는 좋은 습관입니다. 반면에 매일 밤 야식을 먹는 습관은 우리의 몸을 나쁘게 만드는 안 좋은 습관입니다.

올바른 생활 습관이 중요한 이유는 "세 살 버릇이 여든까지 간다."는 한국의 속담처럼 어릴 때 만들어진 생활 습관은 성인이 되어서도 지속되기 때문입니다. 따라서 처음부터 올바른 생활 습관을 만드는 것이 중요합니다. 또 규칙적인 운동, 건강한 식단 등 좋은 습관을 많이 쌓아야 좋은 에너지를 얻고, 건강을 유지할 수 있습니다. 올바른 습관은 삶의 방향을 결정하고 꿈을 이루는 데 중요한 역할을 합니다. 목표를 달성할 수 있고, 자신감을 가질 수 있으며, 새로운 도전과 기회를 만들 수 있습니다. 따라서 습관의 중요성을 이해하여 건강하고 좋은 습관을 만들려는 노력이 중요합니다.

건강을 지키는 좋은 생활 습관에는 크게 균형 잡힌 식사, 규칙적인 운동, 충분한 수면, 스트레스 관리가 있습니다. 우선 신선한 과일과 채소, 건강한 음식을 먹으면서 균형 잡힌 식사를 해야 합니다. 그리고 매일매일 운동하는 습관이 필요합니다. 또 하루에 7~9시간의 충분한 수면을 취하는 것이 좋습니다. 스트레스는 요가, 명상 등으로 관리하는 연습이 필요합니다. 이와 같은 생활 습관을 꾸준히 실천한다면 의료비 지출을 줄일 수 있고, 삶의 질도 높일 수 있습니다. 건강한 삶은 개인의 행복뿐만 아니라 가족, 사회 전체에도 긍정적인 영향을 미칩니다.

※ 나의 좋은 생활 습관과 나쁜 생활 습관을 써 보세요.

좋은 생활 습관	나쁜 생활 습관
예 가계부 쓰기, 물 많이 마시기	예 커피 많이 마시기, 편식하기
1. _____	1. _____
2. _____	2. _____
3. _____	3. _____

※ 다음 문장에 들어갈 알맞은 단어를 써 보세요.

목표 달성 / 스트레칭하기 / 잘못된 생활 습관 / 좋은 생활 습관

1. 규칙적인 운동, 건강한 식단, 매일 (   )은/는 좋은 습관들입니다.

2. 습관은 (   )에 효과적이기 때문에 매우 중요합니다.

3. 현대인들의 질병은 (   )와/과 밀접한 관련이 있습니다.

1. 다음을 읽고 빈칸에 들어갈 알맞은 말을 써 보세요.

> 생활 습관병이란 현대인들에게 가장 흔하게 나타나는 질병으로, 불규칙한 생활이나 편식 등
> 으로 일어나는 병을 말한다. 이러한 질병이 발생하는 이유는 몸에 좋지 않은 음식 먹기, 운
> 동 부족, 흡연, 음주 등의 나쁜 생활 습관에 있다. 생활 습관병은 한번 발생하면 완전하게 치
> 료하기가 어렵기 때문에 이러한 생활 습관병에 걸리지 않으려면 지금부터라도 올바른 생활
> 습관을 위해 노력해야 한다.

인스턴트 음식 섭취, 운동 부족, 흡연 및 음주 등 나쁜 생활 습관으로 (㉠   ).
이는 한번 발생하면 완전히 (㉡   ) 지금부터라도 바른 생활 습관을 만들도록
(㉢   ).

2. 다음을 읽고 단어를 활용하여 문장을 만들어 보세요.

> 추석 / 음력 8월 15일 → <u>추석은 음력 8월 15일입니다.</u>

1) 좋은 습관 / 나의 미래 / 바꾸다 → _____

2) 매일 / 운동 / 좋은 습관 → _____

3) 늦게 자는 것 / 안 좋은 습관 → _____

4) 건강 / 관리 / 좋은 습관 / 나의 건강을 지키다 → _____

1. 나만의 건강한 생활 습관에는 어떤 것이 있습니까?
2. 건강한 생활 습관을 지켜야 하는 이유는 무엇입니까?
3. 건강한 생활 습관을 지키지 않는다면 어떤 변화가 일어납니까?

1. 나만의 건강한 생활 습관에는 어떤 것이 있습니까?

건강을 위해서 _____, _____, _____.

쓸 Tip   내가 매일 하고 있는 건강한 생활 습관(매일 30분씩 산책하기, 명상하기, 따뜻한 물 한 잔 마시기 등)에 대해 쓰면 됩니다.

예시답안   건강을 위해서 운동을 매일 하고, 저녁 6시 이후로 음식을 먹지 않고, 일찍 잠자리에 드는 습관이 있다.

2. 건강한 생활 습관을 지켜야 하는 이유는 무엇입니까?

건강한 생활 습관을 지키면 _____.

쓸 Tip   건강한 생활 습관을 지켜야 하는 이유는 건강한 삶을 살아가기 위해서입니다.

예시답안   건강한 생활 습관을 지키면 우리의 몸과 마음을 건강하게 만들어서 더 행복하고 건강한 삶을 살 수 있다.

3. 건강한 생활 습관을 지키지 않는다면 어떤 변화가 일어납니까?

만약 _____을/를 지키지 않는다면 _____.
_____, _____, _____.

쓸 Tip   건강한 생활 습관을 지키지 않는다면 건강이 나빠진다는 것을 생각하여 쓰면 됩니다.

예시답안   만약 건강한 생활 습관을 지키지 않는다면 우리의 몸은 쉽게 살이 찌고, 병들고, 피곤하고, 아플 것이다.

※ 다음 내용을 포함하여 '생활 습관'이라는 제목으로 글을 쓰시오.

- 건강을 나쁘게 만드는 습관은 무엇입니까?
- 건강한 생활 습관을 지키는 방법에는 무엇이 있습니까?

(단, 답안지에 제목은 생략하고 본문만 쓰세요.)

🔍 다시 확인하기

- ☑ 하나의 글에 2가지 질문에 대한 답이 모두 들어가야 합니다.
- ☑ 2가지 질문에 대한 답이 자연스럽게 연결되어야 합니다.
- ☑ '-(으)ㄴ/는다, -(이)다'의 문어체로 글을 작성해야 합니다.
- ☑ 글을 쓰기 전에 자기 나라 말로 한번 생각해 본 후 글을 쓰는 것도 좋은 방법입니다.
- ☑ 글을 쓸 때 자신이 쓴 문장이 자연스러운지, 맞춤법은 맞게 썼는지 다시 읽어봐야 합니다.

	불	규	칙	한		수	면		습	관	을		가	지	면		피	로	가
쌓	이	고	,	면	역	력	이		낮	아	진	다	.	규	칙	적	인		수
면		습	관	을		만	들	기		위	해	서	는		적	절	한		운
동	을		통	해		에	너	지	를		소	모	하	고		카	페	인	과
알	코	올		섭	취	를		줄	여	야		한	다	.					

아래와 같이 다른 답안도 쓸 수 있어요!

너무 늦은 시간에 자거나 음식을 먹으면 비만, 당뇨, 고혈압이 생길 수 있다. 이러한 병에 걸리지 않으려면 매일 운동하기, 저녁 6시 이후에 먹지 않기, 일찍 자기 같은 습관을 지켜야 한다.

※ 다음 내용을 포함하여 '생활 습관'이라는 제목으로 글을 쓰시오.

- 나만의 건강한 생활 습관에는 어떤 것이 있습니까?
- 건강한 생활 습관을 지켜야 하는 이유는 무엇입니까?
- 건강한 생활 습관을 지키지 않는다면 어떤 변화가 일어납니까?

(단, 답안지에 제목은 생략하고 <u>본문만</u> 쓰세요.)

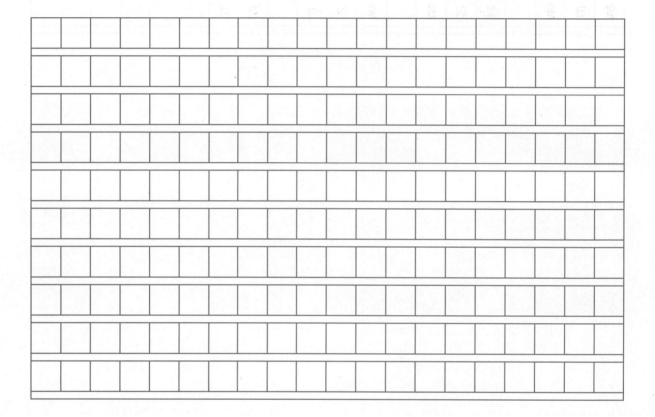

🔍 **다시 확인하기**

☑ 하나의 글에 3가지 질문에 대한 답이 모두 들어가야 합니다.

☑ 3가지 질문에 대한 답이 자연스럽게 연결되어야 합니다.

☑ '-(으)ㄴ/는다, -(이)다'의 문어체로 글을 작성해야 합니다.

☑ 글을 쓰기 전에 자기 나라 말로 한번 생각해 본 후 글을 쓰는 것도 좋은 방법입니다.

☑ 글을 쓸 때 자신이 쓴 문장이 자연스러운지, 맞춤법은 맞게 썼는지 다시 읽어봐야 합니다.

	나	는		평	소	에		운	동	을		매	일		하	고	,	저	녁
6	시		이	후	로		음	식	을		먹	지		않	고	,	일	찍
잠	자	리	에		드	는		습	관	이		있	다	.	건	강	한		습
관	은		우	리	의		몸	과		마	음	을		건	강	하	게		만
들	어	서		더		행	복	하	고		건	강	한		삶	을		살
수		있	도	록		하	지	만		반	대	로		나	쁜		습	관	은
비	만	,	당	뇨	,	고	혈	압		등		질	병	을		일	으	키	기
쉽	다	.	만	약		건	강	한		생	활		습	관	을		지	키	지
않	는	다	면		우	리	의		몸	은		쉽	게		살	이		찌	고,
병	들	고	,	피	곤	하	고	,	아	플		것	이	다	.				

아래와 같이 다른 답안도 쓸 수 있어요!

나는 건강을 지키기 위해서 간헐적 단식을 하고 있다. 오전 11시부터 오후 5시까지 6시간 동안 하루에 두 끼를 먹고 18시간을 공복 상태로 유지하는 것이다. 간헐적 단식을 하면 몸 안의 장기들이 쉴 수 있는 시간이 생겨 혈당 조절과 체중 감량에 도움이 된다. 하지만 이 습관을 지키지 않으면 기존의 식사량보다 더 많이 먹게 될 위험이 있어 조심해야 한다.

사건과 사고

한국에서는 매년 20만 건의 사고가 발생합니다. 그중, 교통사고가 전체 사고의 70% 이상을 차지할 만큼 가장 많습니다. 교통사고란 도로에서 발생한 사고를 말하는데 이러한 사고는 우리가 조금만 주의하면 대부분 예방할 수 있습니다. 그리고 교통사고는 언제 어디서나 갑자기 발생할 수 있기 때문에 돌발 상황이 발생하지 않도록 미리 대비하는 것이 좋습니다.

먼저 운전자는 운전 시 안전벨트를 반드시 착용해야 합니다. 또한 안전 속도를 지키며, 무리하게 끼어들거나 추월하지 않도록 합니다. 특히 사고 예방을 위해서는 안전거리를 유지하는 습관이 좋습니다. 좁은 길이나 골목길에서 넓은 도로로 나올 때에는 일단 멈추어 좌우를 잘 확인하고 나가야 합니다. 또한, 운전 중 잠이 온다면 쉼터나 휴게소에서 반드시 휴식을 취하는 것이 좋습니다.

그리고 보행자는 절대 무단횡단을 하지 말아야 합니다. 길을 건널 때에는 좌우를 먼저 살핀 후에 걷는 것이 좋습니다. 또 걸으면서 휴대 전화와 같은 전자기기는 사용하지 않는 것이 안전하고, 어린이나 노약자는 보호자와 함께 건너야 합니다.

그럼에도 불구하고 만약 사고가 발생했을 때에는 경찰서(112) 또는 소방서(119)와 보험사에 반드시 신고하여 사고가 난 위치와 사고 상황을 알려야 합니다. 그리고 경찰이나 보험사를 기다리는 동안 사고현장 사진을 찍어둡니다.

※ 다음은 각각 어떤 사고가 난 상황인지 써 보세요.

1.    **2.**    **3.**

1. _____

2. _____

3. _____

※ 단어와 그 의미가 서로 알맞은 것을 연결하세요.

1.  •   • ㉠ 데다

2.  •   • ㉡ 빠지다

3.  •   • ㉢ 베이다

4.  •   • ㉣ 치이다

5.  •   • ㉤ 넘어지다

1. 다음을 읽고 질문에 대한 답을 써 보세요.

고시원 방화로 화재 발생,
주민 20여 명 대피

어젯밤 10시쯤 에듀시에 있는 한 고시원에서 방화로 보이는 화재가 발생했다. 이 화재로 고시원에 거주하는 주민 20여 명이 대피하는 일이 벌어졌다. 불은 고시원의 스프링클러가 작동하면서 빠르게 진화되었고, 추가 피해는 없었다. 대신 주민들이 대피하는 과정에서 가벼운 부상자만 있는 것으로 알려졌다. 경찰은 방화 용의자 김 모 씨를 고시원 근처에서 체포하여 정확한 방화 원인을 조사하고 있다.

1) 위 기사문은 무슨 사건에 대한 기사입니까?

_____

2) 글을 읽고 전체 내용을 요약한다면 어떻게 쓸 수 있습니까?

_____

_____

_____

1. 지금까지 살면서 직접 경험한 사건이나 사고가 있습니까? 언제, 어디에서, 어떤 사고를 겪었습니까?

2. 사고가 일어난 후에 어떻게 해결했습니까?

3. 사고를 겪고 무슨 생각을 했습니까?

1. 지금까지 살면서 직접 경험한 사건이나 사고가 있습니까? 언제, 어디에서, 어떤 사고를 겪었습니까?

_____에 _____에서 _____ 있었다.

쓸 Tip 언제, 어디서, 어떻게 사고가 났는지 경험한 일을 자세히 쓰는 것이 좋습니다.

예시답안 지난달에 집에서 가스레인지의 불을 켜 놓고 잠시 다른 일을 하다가 불이 난 적이 있었다.

2. 사고가 일어난 후에 어떻게 해결했습니까?

_____.

쓸 Tip 사고를 해결한 방법을 자세히 쓰는 것이 좋습니다.

예시답안 가스레인지의 불을 끄고 주변에 있는 수건에 물을 적셔 불이 난 곳에 덮었더니 빠르게 불을 진압할 수 있었다.

3. 사고를 겪고 무슨 생각을 했습니까?

_____.

쓸 Tip 사고를 예방할 수 있는 방법이나 그 일로 얻은 교훈을 쓰는 것이 좋습니다.

예시답안 이 사건 이후로 불을 사용할 때 조심해야겠다는 교훈을 얻었다.

※ 다음 내용을 포함하여 '사건과 사고'라는 제목으로 글을 쓰시오.

- 언제, 어디에서, 어떤 사고를 겪었습니까?
- 사고가 일어난 후에 어떻게 해결했습니까?

(단, 답안지에 제목은 생략하고 <u>본문만 쓰세요</u>.)

🔍 다시 확인하기

☑ 하나의 글에 2가지 질문에 대한 답이 모두 들어가야 합니다.

☑ 2가지 질문에 대한 답이 자연스럽게 연결되어야 합니다.

☑ '-(으)ㄴ/는다, -(이)다'의 문어체로 글을 작성해야 합니다.

☑ 글을 쓰기 전에 자기 나라 말로 한번 생각해 본 후 글을 쓰는 것도 좋은 방법입니다.

☑ 글을 쓸 때 자신이 쓴 문장이 자연스러운지, 맞춤법은 맞게 썼는지 다시 읽어봐야 합니다.

	나	는		지	난	달	에		집	에	서		가	스	레	인	지	의	
불	을		켜		놓	고		잠	시		다	른		일	을		하	다	가
불	을		낸		적	이		있	었	다	.	당	황	하	지		않	고	
젖	은		수	건	으	로		불	이		난		곳	을		덮	었	더	니
빠	르	게		불	을		끌		수		있	었	다	.					

아래와 같이 다른 답안도 쓸 수 있어요!

나는 작년 봄에 자동차를 타고 출근하다가 회사 앞 큰 도로에서 다른 차와 부딪혔다. 다행히 크게 다치지는 않았다. 보험 회사와 112에 신고를 하고 병원에 가서 치료를 받았다.

※ 다음 내용을 포함하여 '사건과 사고'라는 제목으로 글을 쓰시오.

- 지금까지 살면서 직접 경험한 사건이나 사고가 있습니까? 언제, 어디에서, 어떤 사고를 겪었습니까?
- 사고가 일어난 후에 어떻게 해결했습니까?
- 사고를 겪고 무슨 생각을 했습니까?

(단, 답안지에 제목은 생략하고 <u>본문만 쓰세요</u>.)

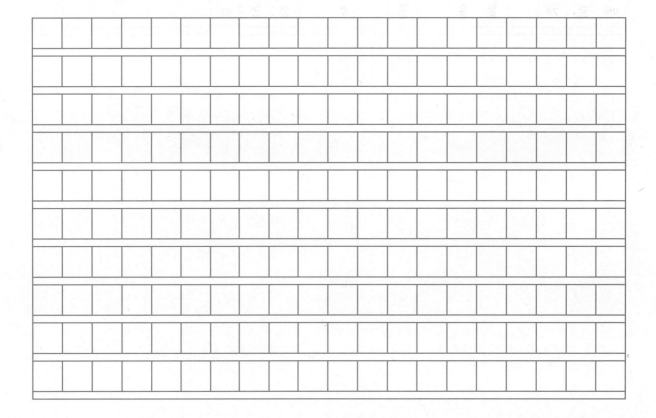

🔍 **다시 확인하기**

☑ 하나의 글에 3가지 질문에 대한 답이 모두 들어가야 합니다.

☑ 3가지 질문에 대한 답이 자연스럽게 연결되어야 합니다.

☑ '-(으)ㄴ/는다, -(이)다'의 문어체로 글을 작성해야 합니다.

☑ 글을 쓰기 전에 자기 나라 말로 한번 생각해 본 후 글을 쓰는 것도 좋은 방법입니다.

☑ 글을 쓸 때 자신이 쓴 문장이 자연스러운지, 맞춤법은 맞게 썼는지 다시 읽어봐야 합니다.

	나	는		지	난	달	에		집	에	서		가	스	레	인	지	의
불	을		켜	놓	고		잠	시		다	른		일	을		하	다	가
불	을		낸		적	이		있	었	다	.	갑	자	기		커	진		불
로		부	엌	이		엉	망	이		되	었	지	만		나	는		당	황
하	지		않	고		신	속	하	게		대	처	하	려	고		노	력	했
다	.	먼	저		가	스	레	인	지	의		불	을		끄	고		주	변
에		있	는		수	건	에		물	을		적	셔		불	이		난	
곳	에		덮	었	더	니		빠	르	게		불	을		진	압	할		수
있	었	다	.	이		사	건		이	후	로		불	을		사	용	할	
때		더		조	심	해	야	겠	다	는		교	훈	을		얻	었	다	.

아래와 같이 다른 답안도 쓸 수 있어요!

나는 작년 봄에 자동차를 타고 출근하다가 회사 앞 큰 도로에서 다른 차와 부딪혔다. 차의 앞부분이 부서졌지만 다행히 크게 다친 사람은 없었다. 그래서 바로 보험 회사와 112에 신고를 했다. 사고 장소에 도착한 경찰관에게 사고에 대해 설명한 뒤 병원에 가서 의사를 만났다. 다음 주까지 상태를 더 지켜보자는 의사의 말을 들은 후 치료를 받고 집에 왔다.

가족의 형태

과거 농촌 사회였던 한국은 일손*이 많이 필요했기 때문에 결혼을 해도 가족이 함께 모여 사는 경우가 많았습니다. 조부모, 고모, 삼촌, 부모, 자녀 등 여러 세대의 가족이 같이 사는 전통적인 가족 형태를 확대가족 또는 대가족이라고 합니다. 확대가족은 가족 간의 관계와 역할을 중요하게 생각했습니다. 그래서 아랫사람들은 집안 어른들께 '효'와 '예'를 지키고 함께 살면서 전통과 예절을 배울 수 있었습니다. 확대가족은 집안 어른들의 의사결정을 따라야 하는 경우가 많았으며, 남자와 여자의 역할을 명확하게 구분했습니다.

그러나 최근에는 급격한 도시화와 산업화로 많은 젊은이가 학업(교육)과 일자리 문제 때문에 도시로 떠나고, 가족들이 흩어지면서 핵가족이 증가하게 되었습니다. 핵가족은 부모와 결혼하지 않은 자녀가 함께 사는 가족 형태입니다. 이러한 형태에서는 시대에 따라 가치관이 변화하면서 동등하고 평등한 입장에서 서로를 존중하는 관계가 되었습니다. 그래서 가족의 중요한 일을 가족 구성원이 함께 의논하여 결정하거나 자신의 의견을 다른 가족 구성원들에게 말하여 함께 결정합니다.

그리고 요즘에는 이 외에도 아이 없이 부부로만 이루어진 가족(딩크족), 입양으로 이루어진 가족(입양 가족), 아버지와 자녀 또는 어머니와 자녀로만 이루어진 가족(한 부모 가족), 한국인과 외국인의 결혼으로 이루어진 가족(다문화 가족), 부모가 재혼을 하며 만들어진 가족(재혼 가족), 혼자 사는 사람(1인 가구) 등 다양한 가족의 형태가 있습니다. 가족의 형태가 다양해진 이유는 사회가 변하면서 삶의 방식이 다양해졌기 때문입니다. 그만큼 다양한 가족을 바라보는 우리의 생각도 중요해졌습니다.

* 일손: 일하는 사람

※ 여러분이 알고 있는 확대가족과 핵가족의 특징을 써 보세요.

확대가족	핵가족
예 다 함께 모여 산다.	예 부부를 중심으로 이루어진 가족이다.
1. _____	1. _____
2. _____	2. _____
3. _____	3. _____

어휘 더하기

※ 다음 문장에 들어갈 알맞은 단어를 써 보세요.

> 핵가족 / 확대가족 / 맞벌이 / 세대 / 생활 방식

확대가족은 가족이 많아 (㉠   ) 간 가치관이나 생활 방식의 차이로 갈등을 일으킬 수 있다는 문제점이 있습니다. (㉡   )은/는 보통 부부가 (㉢   )을/를 하기 때문에 아이 양육에 부재가 생길 수 있다는 문제점이 있습니다.

1. 다음 글을 참고하여 문장을 완성해 보세요.

1) 확대가족은 _____.
농사를 지으며 살았던 옛날에는 대부분 확대가족이었다. 확대가족은 여러 사람이 모여 서로의 일을 도와줄 수 있다. 하지만 문제점도 있다. 세대 간, 고부간 의견이 달라 갈등이 발생하기도 한다.

2) 핵가족은 _____.
산업이 발전하면서 도시로 사람들이 모이며 핵가족이 늘어났다. 핵가족은 각자의 생활이 인정되고, 가족 관계가 평등하다. 하지만 문제점도 있다. 부부가 모두 일을 하는 경우가 많아 아이를 돌봐 줄 사람이 없다.

1) 확대가족은 자녀가 결혼한 이후에도 _____ 가족이다.
2) 핵가족은 부모와 _____ 가족이다.

1. 확대가족과 핵가족 중 어떤 가족 형태를 좋아합니까?
2. 그 이유는 무엇입니까?
3. 그 가족의 특징은 무엇입니까?

1. 확대가족과 핵가족 중 어떤 가족 형태를 좋아합니까?

내가 좋아하는 가족의 형태는 _____이다.

쓸 Tip   확대가족과 핵가족의 의미를 미리 알아두면 좋습니다.

예시답안   내가 좋아하는 가족의 형태는 핵가족이다.

2. 그 이유는 무엇입니까?

왜냐하면 _____기 때문이다.

쓸 Tip   왜 좋아하는지 자신의 생각을 정리한 후 쓰는 것이 좋습니다. '～(이)라서 좋아한다.'라는 표현으로도 쓸 수 있습니다.

예시답안   왜냐하면 핵가족은 확대가족보다 가족 구성원이 적어 자신만의 공간을 형성하기에 좋고, 개인의 사생활을 존중받을 수 있기 때문이다.

3. 그 가족의 특징은 무엇입니까?

_____은 _____ 좋다. 그리고 _____때문에
_____.

쓸 Tip   확대가족과 핵가족 각각의 특징을 정리한 후 쓰는 것이 좋습니다. '-가족은 ～라는 특징이 있다.'라는 표현으로도 쓸 수 있습니다.

예시답안   핵가족은 동등한 입장에서 서로를 존중할 수 있어서 좋다. 그리고 가족 구성원 간의 관계가 수평적이고 평등하기 때문에 자녀가 부모에게 자신의 의견을 말하거나 고민을 의논할 수 있어 부모와 자식 간의 관계를 더욱 깊이 있게 발전시킬 수 있다.

※ 다음 내용을 포함하여 '내가 좋아하는 가족의 형태'라는 제목으로 글을 쓰시오.

> • 확대가족과 핵가족 중 어떤 가족 형태를 좋아합니까?
>
> • 그 가족의 특징은 무엇입니까?

(단, 답안지에 제목은 생략하고 본문만 쓰세요.)

🔍 **다시 확인하기**

☑ 하나의 글에 2가지 질문에 대한 답이 모두 들어가야 합니다.

☑ 2가지 질문에 대한 답이 자연스럽게 연결되어야 합니다.

☑ '-(으)ㄴ/는다, -(이)다'의 문어체로 글을 작성해야 합니다.

☑ 글을 쓰기 전에 자기 나라 말로 한번 생각해 본 후 글을 쓰는 것도 좋은 방법입니다.

☑ 글을 쓸 때 자신이 쓴 문장이 자연스러운지, 맞춤법은 맞게 썼는지 다시 읽어봐야 합니다.

	내	가		좋	아	하	는		가	족	의		형	태	는		핵	가	족
이	다	.		핵	가	족	은		부	모	와		자	녀	로		구	성	되	어
가	족		간	의		관	계	가		가	깝	고	,		의	사	소	통	이
원	활	하	며		서	로	의		사	생	활	을		존	중	해		준	다
는		특	징	이		있	어	서		좋	다	.							

아래와 같이 다른 답안도 쓸 수 있어요!

내가 좋아하는 가족의 형태는 확대가족이다. 고향에서 할머니, 할아버지와 살았기 때문에 좋은 기억이 많다. 확대가족은 할머니, 할아버지, 부모님, 형제 등 식구가 많은 점이 특징적이다.

※ 다음 내용을 포함하여 '내가 좋아하는 가족의 형태'라는 제목으로 글을 쓰시오.

- 확대가족과 핵가족 중 어떤 가족 형태를 좋아합니까?
- 그 이유는 무엇입니까?
- 그 가족의 특징은 무엇입니까?

(단, 답안지에 제목은 생략하고 <u>본문만</u> 쓰세요.)

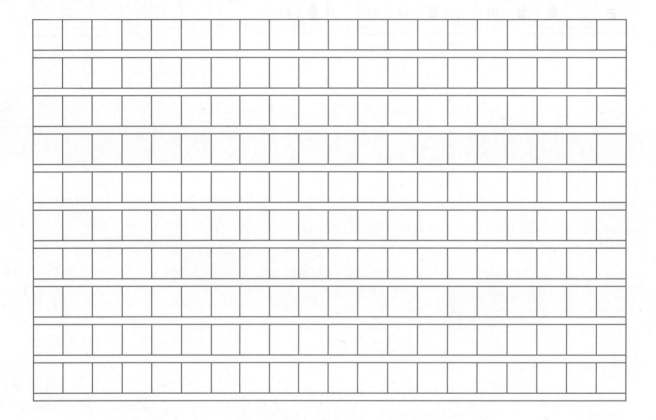

🔍 **다시 확인하기**

☑ 하나의 글에 3가지 질문에 대한 답이 모두 들어가야 합니다.

☑ 3가지 질문에 대한 답이 자연스럽게 연결되어야 합니다.

☑ '-(으)ㄴ/는다, -(이)다'의 문어체로 글을 작성해야 합니다.

☑ 글을 쓰기 전에 자기 나라 말로 한번 생각해 본 후 글을 쓰는 것도 좋은 방법입니다.

☑ 글을 쓸 때 자신이 쓴 문장이 자연스러운지, 맞춤법은 맞게 썼는지 다시 읽어봐야 합니다.

	내	가		좋	아	하	는		가	족	의		형	태	는		핵	가	족
이	다	.		왜	냐	하	면		핵	가	족	은		확	대	가	족	보	다
가	족		구	성	원	이		적	어		자	신	만	의		공	간	을	
형	성	하	기	에		좋	고	,	개	인	의		사	생	활	을		존	중
받	을		수		있	기		때	문	이	다	.		또		구	성	원	간
의		관	계	가		수	평	적	이	고		평	등	하	기		때	문	에
자	녀	가		부	모	에	게		자	신	의		의	견	을		말	하	거
나		고	민	을		의	논	할		수		있	어		부	모	와		자
식		간	의		관	계	를		더	욱		깊	이		있	게		발	전
시	킬		수		있	다	는		특	징	이		있	다	.				

아래와 같이 다른 답안도 쓸 수 있어요!

내가 좋아하는 가족의 형태는 확대가족이다. 고향에서 할머니, 할아버지와 살면서 좋은 기억이 많았기 때문이다. 현재 나는 한국에서 남편의 가족과 함께 살고 있는데 그 점이 나에게는 정말 좋았다. 한국의 할머니, 할아버지께서는 나를 정말 예뻐해 주시고 맛있는 간식도 자주 사 주신다. 나는 이렇게 함께 음식을 먹고 이야기를 나누는 가족이 진정한 가족이라고 생각한다.

5 변화하는 가족

가족의 변화

현대 사회는 산업화와 도시화로 급격한 변화가 많이 나타나고 있습니다. 이로 인해 가족의 구성도 다양하게 변하고 있습니다. 확대가족과 핵가족 뿐만 아니라 1인 가구와 2인 가구(딩크족), 그리고 이혼 가족, 다문화 가족, 재혼 가족, 입양 가족 등 전통적인 가족의 개념에서 벗어난 다양한 사회적 가족들도 등장하기 시작했고, 사람들의 인식도 변화하고 있습니다.

그중 1인 가구는 대한민국 전체 가구 수 중에서 약 30%를 차지하고 있으며, 앞으로도 계속 늘어날 전망이라고 합니다. 1인 가구가 증가하는 원인으로는 결혼에 대한 가치관 변화, 이혼율 증가, 고령화 등을 꼽을 수 있습니다. 1인 가구가 증가함에 따라 이들을 대상으로 한 상품이 등장하고 이들을 위한 서비스업도 생기기 시작했습니다. 마트나 편의점에는 1인 가구를 위한 채소나 과일 등 소포장된 상품의 판매량이 증가하고, 생필품이나 가전제품도 1인 가구에 맞춰 나온 제품들이 인기를 끌고 있습니다. 뿐만 아니라 소형 아파트나 오피스텔의 인기도 꾸준히 증가하고 있으며, 청소, 장보기, 대여, 짐 보관 등 1인 가구를 위한 서비스업과 규모도 점점 커지고 있습니다.

이렇게 혼자 사는 가구가 점점 늘어나면서 우리 사회에도 크고 작은 변화가 생길 수밖에 없습니다. 이에 전통적인 가족 형태에 맞춘 정책을 개선해야 한다는 목소리도 커지고 있습니다. 물론 그에 따라 다양한 복지 혜택과 정책도 개선되고 있지만 더욱 구체적인 정책이 필요한 시점이 되었습니다.

92 • PART 2 주제별 유형 익히기

※ 다음 기사의 제목을 참고하여 가족의 형태가 다양해지는 원인이 무엇인지 써 보세요.

정보통신의 발달, 전 세계인과 친구 되기	물가는 오르고, 집값은 비싸고. 결혼 포기하는 청년들	이혼 가족 · 1인 가구 증가, 변화하는 가족

어휘 더하기

※ 단어와 그 의미가 서로 알맞은 것을 연결하세요.

1.   •

•   ㉠ 1인 가구

2.   •

•   ㉡ 한 부모 가족

3.   •

•   ㉢ 주말부부

4.   •

•   ㉣ 독거노인

5.   •

•   ㉤ 맞벌이 부부

1. 다음을 읽고 질문에 대한 답을 써 보세요.

맞벌이 부부가 아픈 자녀를 병원에 데려가기 위해서는 부부 중 한 명이 휴가를 쓸 수밖에 없다. 그러나 갑자기 휴가를 쓰는 일이 쉬운 일은 아니다. 이에 지자체에서는 아픈 자녀와 병원 동행이 어려운 부모를 위해 대신 아이를 데리고 병원에 가 주는 서비스를 시행할 예정이다. '병원 동행 서비스'는 진료부터 귀가까지 전담 인력이 병원 진료의 전 과정을 아이와 함께 한다. 그리고 긴급 진료뿐만 아니라 건강검진부터 예방 접종까지도 '병원 동행 서비스'가 가능하다.

1) 위 기사문은 무엇에 대한 내용입니까?

_____

2) '병원 동행 서비스' 정책이 필요한 또 다른 가족 유형에는 어떤 가족이 있습니까? 아는 대로 써 보세요.

_____

_____

_____

1. 과거와 비교하여 '가족'의 의미가 변하게 된 이유는 무엇입니까?

2. 오늘날 가족에는 어떤 형태들이 있습니까?

3. 그중 1인 가구의 특징은 무엇입니까?

1. 과거와 비교하여 '가족'의 의미가 변하게 된 이유는 무엇입니까?

_____로 _____고 있다.

쓸 Tip   '가족'의 의미가 변하게 된 이유는 무엇인지 먼저 과거와 현재를 비교해 본 후 쓰는 것이 좋습니다.

예시답안   산업화와 도시화로 가족에 대한 가치관이 변하고 있다.

2. 오늘날 가족에는 어떤 형태들이 있습니까?

오늘날 가족은 _____, _____, _____, _____ 등 다양한 형태로 나타나고 있다.

쓸 Tip   오늘날 다양한 가족의 형태(1인 가구, 독거노인, 한 부모 가족, 이혼 가족, 입양 가족, 재혼 가족, 조손 가족 등)를 미리 알아두면 좋습니다.

예시답안   오늘날 가족은 한 부모 가족, 입양 가족, 비혼 동거 가족, 1인 가구 등 다양한 형태로 나타나고 있다.

3. 그중 1인 가구의 특징은 무엇입니까?

_____은/는 _____이다. _____(이)라는/(ㄴ/는)다는 특징이 있다.

쓸 Tip   다양한 가족의 형태 중 1인 가구의 특징에 대해 미리 알아두면 좋습니다. '~을/를 의미합니다.', '~을/를 말합니다.'라는 표현도 쓸 수 있습니다.

예시답안   1인 가구는 부모나 형제, 자녀 없이 혼자 사는 가정을 말하는데 독립, 비혼, 미혼, 이혼, 별거 등 다양한 이유로 혼자 사는 사람들이다. 이들은 혼자 살기 때문에 생활이 자유롭다는 특징이 있다.

※ 다음 내용을 포함하여 '변화하는 가족'이라는 제목으로 글을 쓰시오.

- 오늘날 가족에는 어떤 형태들이 있습니까?
- 그중 1인 가구의 특징은 무엇입니까?

(단, 답안지에 제목은 생략하고 <u>본문만 쓰세요</u>.)

🔍 다시 확인하기

- ☑ 하나의 글에 2가지 질문에 대한 답이 모두 들어가야 합니다.
- ☑ 2가지 질문에 대한 답이 자연스럽게 연결되어야 합니다.
- ☑ '-(으)ㄴ/는다, -(이)다'의 문어체로 글을 작성해야 합니다.
- ☑ 글을 쓰기 전에 자기 나라 말로 한번 생각해 본 후 글을 쓰는 것도 좋은 방법입니다.
- ☑ 글을 쓸 때 자신이 쓴 문장이 자연스러운지, 맞춤법은 맞게 썼는지 다시 읽어봐야 합니다.

	오	늘	날	은		입	양		가	족	,	다	문	화		가	족	등
다	양	한		형	태	의		가	족	이		있	다	.	그	중		1	인
가	구	는		혼	자		사	는		가	정	이	다	.	요	즘	은		결
혼	보	다		자	신	의		일	에		집	중	하	는		것	을		더
중	요	하	게		생	각	하	는		사	람	이		늘	고		있	다	.

아래와 같이 다른 답안도 쓸 수 있어요!

도시화로 가족에 대한 가치관이 변화하면서 한 부모 가족, 1인 가구 등 다양한 형태가 생겨났다. 그중 1인 가구는 혼자 사는 가정을 말하는데, 혼자 살기 때문에 그만큼 생활이 자유롭다.

※ 다음 내용을 포함하여 '변화하는 가족'이라는 제목으로 글을 쓰시오.

- 과거와 비교하여 '가족'의 의미가 변하게 된 이유는 무엇입니까?
- 오늘날 가족에는 어떤 형태들이 있습니까?
- 그중 1인 가구의 특징은 무엇입니까?

(단, 답안지에 제목은 생략하고 <u>본문만 쓰세요</u>.)

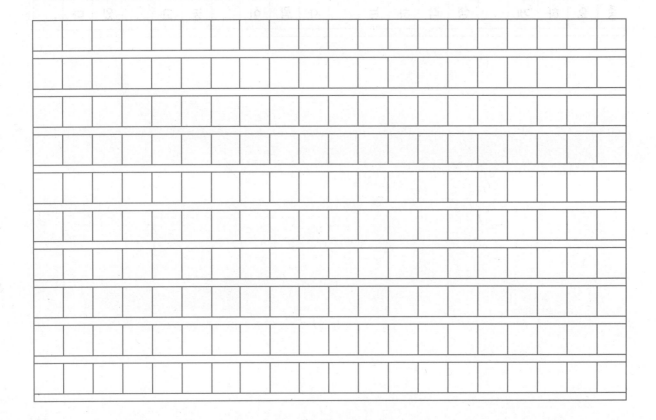

🔍 **다시 확인하기**

☑ 하나의 글에 3가지 질문에 대한 답이 모두 들어가야 합니다.

☑ 3가지 질문에 대한 답이 자연스럽게 연결되어야 합니다.

☑ '-(으)ㄴ/는다, -(이)다'의 문어체로 글을 작성해야 합니다.

☑ 글을 쓰기 전에 자기 나라 말로 한번 생각해 본 후 글을 쓰는 것도 좋은 방법입니다.

☑ 글을 쓸 때 자신이 쓴 문장이 자연스러운지, 맞춤법은 맞게 썼는지 다시 읽어봐야 합니다.

	산	업	화	와		도	시	화	로		가	족	에		대	한		가	치
관	이		변	하	고		있	다	.	가	치	관	의		변	화	는		한
부	모		가	족	,		입	양		가	족	,	비	혼		동	거		가	족,
1	인		가	구		등		다	양	한		가	족	의		형	태	로	
나	타	나	고		있	다	.		특	히		1	인		가	구	는		부	모
나		형	제	,		자	녀		없	이		혼	자		사	는		가	정	을
말	하	는	데		독	립	,		비	혼	,		미	혼	,		이	혼	,		별	거
등		다	양	한		이	유	로		혼	자		사	는		사	람	들	이
다	.		이	들	은		혼	자		살	기		때	문	에		생	활	이
자	유	롭	다	는		특	징	이		있	다	.							

아래와 같이 다른 답안도 쓸 수 있어요!

개인의 선택에 따라 결혼을 하지 않거나 이혼을 하는 부부가 늘어나면서 다양한 가족이 등장하고 있다. 그중 1인 가구는 개인의 삶을 중요하게 생각하는 현대 사회에서 일반적인 가족 형태로 자리 잡고 있다. 이들은 효율적이고 편리한 생활 방식을 추구하여 즉석식품과 같은 간편식을 자주 구매한다. 또한 소형 아파트나 원룸에 거주하면서 공간 활용에 집중한다.

03 / 교육과 취업

한국은 치열한 경쟁 사회이며, 교육열도 매우 뜨겁습니다. 한국 사람들은 좋은 학군, 좋은 대학, 좋은 직장을 중요하게 생각합니다. 왜냐하면 학력이 사회적 지위를 상승시킬 수 있는 방법 중 하나라고 생각하기 때문입니다. 높은 교육열은 국민을 국가 발전에 도움을 주는 훌륭한 인재로 길러 낼 수 있다는 장점이 있으나 치열한 경쟁으로 학생들은 입시 스트레스를 받고, 학부모들은 사교육비를 과도하게 지출하게 된다는 단점도 있습니다.

또한 한국은 OECD 국가 중 회사 근무 시간이 가장 긴 나라 중 하나입니다. 야근은 기본이고 일이 많으면 주말에도 출근을 합니다. 이 외에도 직장에서의 여러 문제들로 힘들어하는 사람도 많습니다. 사회통합프로그램 작문형 문제에서는 한국 교육의 단점이나 직장생활의 어려움에 대해서도 종종 출제되고 있습니다. 교육과 취업에 어떤 문제가 나오는지 함께 알아볼까요?

한국의 높은 교육열

과거 한국은 조선 왕조가 끝나면서 신분 제도도 무너졌습니다. 그래서 신분에 관계없이 모든 사람이 관직*에 오를 수 있는 조건이 되었습니다. 관직은 곧 벼슬*이고 출세*라는 인식이 확산되었고, 가난한 농민들도 소를 팔고, 땅을 팔아, 자식을 가르치기 시작했습니다. 이후, 일제강점기와 한국전쟁 등 긴 역사를 겪으면서 대한민국 정부가 세워졌고, 점차 경제가 발전하면서 많은 인재*가 필요해지자 대학 진학이 중요해지기 시작했습니다. 대부분의 한국 사람은 좋은 직장에 취업하여 돈을 많이 벌기 위해 좋은 대학교에 들어가는 것이 목표가 되었습니다. 이는 곧 입시와 사교육 열풍*으로 확대되었습니다. 그 결과, 한국의 교육열은 OECD 회원국 중에서 평균보다 높은 수준을 보여주고 있습니다.

높은 교육열은 훌륭한 인재를 길러 국가 발전과 경제 성장에 도움을 주었다는 장점이 있지만 치열한 경쟁 사회가 되어 학생들이 입시 스트레스를 받고, 사교육비가 과도하게 지출된다는 단점도 있습니다. 그리고 과한 교육열은 또 다른 사회 문제를 만들었습니다. 교육열이 높으니, 자녀를 낳으면 많은 시간과 돈을 투자해야 한다는 생각에 자녀를 낳지 않는 부부도 많아졌습니다. 그리고 입시와 교육을 위해 많은 학생이 서울로 오며 수도권에 모든 것이 집중되는 현상과 수도권의 집값 상승 문제까지 발생하고 있습니다.

정부는 이러한 높은 교육열과 더불어 다양한 사회 문제를 완화할 수 있는 구체적인 해결 방법을 찾아 실행해야 할 것입니다.

* 관직: 관리나 공무원이 직업상 책임지고 맡아서 하는 일이나 그에 따른 행정적 위치
* 벼슬: 나랏일을 하는 관리의 자리
* 출세: 사회적으로 높은 위치에 오르는 것
* 인재: 학식과 능력을 갖춘 사람
* 열풍: 매우 거세게 일어나는 기운이나 현상

※ 한국 교육열의 장점과 단점을 써 보세요.

장점	단점
예 국가가 발전하는 힘이 된다.	예 학생들이 입시 스트레스를 받는다.
1. _____	1. _____
2. _____	2. _____

※ 다음 문장에 들어갈 알맞은 단어를 써 보세요.

> 입시 전쟁 / 사교육비 / 투자 / 경제적 부담

좋은 대학을 나와야만 좋은 직장에 취업할 수 있는 시대가 되자 (㉠   )이/가 시작되었고, 입시 교육에서 살아남기 위해 과외 열풍이 불었습니다. 학생 수는 점차 줄어들고 있지만 (㉡   )의 지출은 매년 최대치를 경신하고 있고, 점점 큰 액수로 늘어나며 부모가 상당한 돈을 쏟아 붓지만 대학원 진학, 유학 등으로 취업이 미뤄지면서 부모들의 (㉢   )도 커지고 있습니다.

1. 다음을 읽고 질문에 대한 답을 써 보세요.

> 한국은 대학 진학률이 72.8%로 교육열이 매우 높다. 그러나 이와 반대로 대학을 졸업했으나 구직을 하지 못한 청년들이 많고, 실업률도 매년 증가하고 있다. 이러한 현상은 과한 교육열로 인해 생긴 인적 자원의 과도한 공급이 그 원인이며, 그 결과 청년들은 실업 상태로 지내고 있는데 이는 매우 심각한 사회 문제로 떠오르고 있다.

높은 교육열로 어떤 사회 문제가 생기고 있습니까?

_____

원고지 쓰기 워밍업

> 1. 한국의 교육열이 높은 이유는 무엇입니까?
> 2. 높은 교육열의 장점은 무엇입니까?
> 3. 높은 교육열의 단점은 무엇입니까?

1. 한국의 교육열이 높은 이유는 무엇입니까?

_____기 위해서(는) _____기 때문이다. 그래서 _____

_____.

쓸 Tip '한국의 교육열이 높은 이유는 ~기 때문이다.'라는 표현도 쓸 수 있습니다.

예시답안 많은 사람이 좋은 직업을 얻기 위해서는 좋은 학벌이 중요하다고 믿기 때문이다. 그래서 부모들은 자녀의 교육에 많은 투자를 하며, 경쟁에서 이길 수 있도록 지원한다.

2. 높은 교육열의 장점은 무엇입니까?

교육열이 높으면 _____고,

_____ 있다.

쓸 Tip 장점은 2가지 이상 정리하여 쓰는 것이 좋습니다. '~(이)라는 장점이 있다.'라는 표현도 쓸 수 있습니다.

예시답안 교육열이 높으면 학생들은 지식을 많이 쌓고, 사회에서 좋은 기회도 얻을 수도 있다.

3. 높은 교육열의 단점은 무엇입니까?

교육열이 높으면 그만큼 _____고,

_____ 있다.

쓸 Tip 단점은 2가지 이상 정리하여 쓰는 것이 좋습니다. '~(이)라는 단점이 있다.'라는 표현도 쓸 수 있습니다.

예시답안 교육열이 높으면 그만큼 학업에 큰 스트레스를 받을 수 있고, 과도한 경쟁으로 인해 건강을 해칠 수도 있다.

※ 다음 내용을 포함하여 '한국의 교육열'이라는 제목으로 글을 쓰시오.

- 한국의 교육열이 높은 이유는 무엇입니까?
- 한국의 높은 교육열이 어떤 영향을 미쳤습니까?

(단, 답안지에 제목은 생략하고 <u>본문만</u> 쓰세요.)

🔍 **다시 확인하기**

☑ 하나의 글에 2가지 질문에 대한 답이 모두 들어가야 합니다.

☑ 2가지 질문에 대한 답이 자연스럽게 연결되어야 합니다.

☑ '-(으)ㄴ/는다, -(이)다'의 문어체로 글을 작성해야 합니다.

☑ 글을 쓰기 전에 자기 나라 말로 한번 생각해 본 후 글을 쓰는 것도 좋은 방법입니다.

☑ 글을 쓸 때 자신이 쓴 문장이 자연스러운지, 맞춤법은 맞게 썼는지 다시 읽어봐야 합니다.

	한	국	은		좋	은		직	업	을		얻	으	려	면		우	수	한
성	적	과		좋	은		학	벌	이		필	요	하	다	고		생	각	한
다	.	그	래	서		학	생	들	은		좋	은		성	적	을		얻	기
위	해		노	력	한	다	.	하	지	만		경	쟁	이		치	열	해	져
과	도	한		학	업		스	트	레	스	를		받	기	도		한	다	.

아래와 같이 다른 답안도 쓸 수 있어요!

한국의 교육열이 높은 이유는 전쟁 직후 빠르게 경제 성장을 이룬 데 있다. 그 결과, 학생들의 평균 학습 수준은 높지만 입시 스트레스와 사교육비 지출 부담이 크다는 단점이 있다.

※ 다음 내용을 포함하여 '한국의 교육열'이라는 제목으로 글을 쓰시오.

- 한국의 교육열이 높은 이유는 무엇입니까?
- 높은 교육열의 장점은 무엇입니까?
- 높은 교육열의 단점은 무엇입니까?

(단, 답안지에 제목은 생략하고 <u>본문만 쓰세요</u>.)

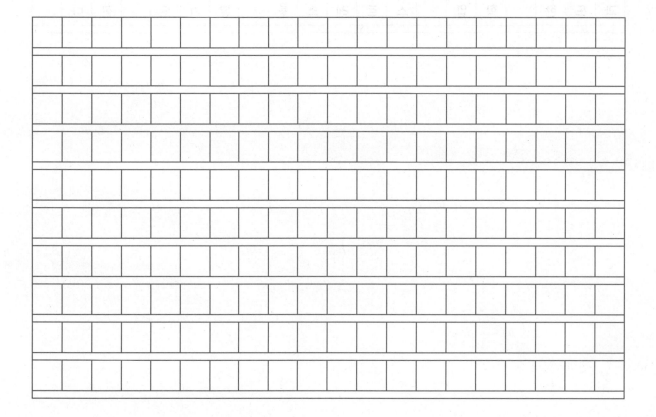

🔍 **다시 확인하기**

- ☑ 하나의 글에 3가지 질문에 대한 답이 모두 들어가야 합니다.
- ☑ 3가지 질문에 대한 답이 자연스럽게 연결되어야 합니다.
- ☑ '-(으)ㄴ/는다, -(이)다'의 문어체로 글을 작성해야 합니다.
- ☑ 글을 쓰기 전에 자기 나라 말로 한번 생각해 본 후 글을 쓰는 것도 좋은 방법입니다.
- ☑ 글을 쓸 때 자신이 쓴 문장이 자연스러운지, 맞춤법은 맞게 썼는지 다시 읽어봐야 합니다.

한국의 교육열이 높은 이유는 많은 사람이 좋은 직업을 얻기 위해서는 좋은 학벌이 중요하다고 믿기 때문이다. 부모들은 자녀의 교육에 많은 투자를 하여, 경쟁에서 이길 수 있도록 지원한다. 교육열이 높으면 학생들은 지식을 많이 쌓고, 사회에서 좋은 기회도 얻을 수 있다. 그러나 그만큼 학업에 큰 스트레스를 받을 수 있고, 과도한 경쟁으로 인해 건강을 해칠 수도 있다.

아래와 같이 다른 답안도 쓸 수 있어요!

전쟁 이후 한국이 빠르게 경제 성장을 이루고, 산업화와 민주화를 이룰 수 있었던 것은 높은 교육열 때문이다. 경제가 성장하여 일자리가 늘어나면서 좋은 대학에 진학해야 좋은 직장에 취업한다는 생각이 교육열을 더욱 높였다. 그 결과, 한국 학생들의 평균 학업 수준은 향상되었지만 학생들은 입시 스트레스를, 학부모들은 사교육비 지출에 대한 부담을 겪고 있다.

한국의 사교육 문화

사교육이란 학생들이 학교의 정규 교육과정 이외에 개인적 필요에 의해 학교 밖에서 받는 모든 교육 활동(학원, 과외 등)을 말하며, 한국에서는 주로 입시를 위해 이루어지고 있습니다. 한국은 과거부터 배움을 중요하게 생각했고, 특히 교육이 사회적 신분을 높이기 위한 수단이라는 인식이 있어 부모들은 자녀 교육에 많은 돈과 시간을 씁니다.

과거의 대학 입시는 취업을 위한 시험이었으나 현재의 대학 입시는 단순한 시험을 넘어 사회적 경쟁이 되었습니다. 이 때문에 정부가 공교육으로 많은 학생에게 기초 교육을 제공하고 있으나 학생과 학부모들은 공교육만으로 충분하지 않다고 생각해 사교육을 함께 진행합니다. 한국에서는 사교육을 하지 않으면 자신이 실패한 사람이 된 것 같다고 말하기까지 합니다.

모든 학생은 대학이라는 하나의 목표를 향해 경쟁하고, 학업에 대한 불안을 없애기 위해 초등학교 때부터 사교육에 의존하기 시작합니다. 그러면서 부모들은 경제적 부담을 얻고, 학생들은 입시 스트레스를 받습니다. 이러한 사교육 문화는 결혼을 하지 않거나 아이를 낳지 않는 등 사회적 문제로까지 이어지기도 합니다.

적절한 사교육은 학습에 도움이 되지만 과도한 사교육 학습은 학생들의 성장과 건강에 안 좋은 영향을 끼칠 수 있습니다. 특히 한국의 고등학생들은 스트레스와 압박감*에 정신적 피로와 부담감이 쌓여 두통, 소화 장애 등의 '고3병', '입시 스트레스' 등의 증상을 보이기도 합니다. 이렇게 과도한 사교육 문화를 줄이기 위해서는 공교육의 질을 높이고, 입시뿐만 아니라 더욱 다양한 교육 프로그램을 만들어 제공하는 것이 필요합니다.

* 압박감: 몸이나 마음이 눌리는 느낌

※ 한국 교육의 특징과 고향 교육의 특징을 비교해 써 보세요.

한국	_____
예 한국의 교육제도는 6-3-3-4를 기본으로 한다. 1. _____ 2. _____ 3. _____	1. _____ 2. _____ 3. _____

※ 다음 문장에 들어갈 알맞은 단어를 써 보세요.

> 학업 스트레스 / 공교육 / 경제력 / 목표

사교육을 받으면 개인별 수준과 진도에 맞춰 학습을 진행할 수 있습니다. 또 (㉠   )에서 부족한 부분을 확인 및 보완하여 지식을 얻을 수 있습니다. 무엇보다도 사교육은 학생들의 다양한 관심과 적성을 고려해 학습할 수 있는 기회를 제공하며 교육의 다양성을 확보해 줍니다.

그러나 사교육이 지나칠 경우, 학생들 사이의 불필요한 경쟁을 심화시킬 수 있습니다. 과도한 경쟁은 (㉡   )을/를 줄 수 있으며 이는 정신 건강에 나쁜 영향을 미칠 수 있습니다. 또 사교육은 부모의 (㉢   )에 따라 교육 기회가 달라질 수 있어 공정한 경쟁이 이루어질 수 없습니다.

1. 다음을 읽고 질문에 대한 답을 써 보세요.

한 육아정책 전문 기관의 설문 조사 결과, 만 0~6세 영유아 20% 이상이 학원을 이용한 적이 있다고 한다. 영어 유치원부터 대학 입시와 취업까지 연령대별로 다양한 학원을 경험할 수 있는 나라가 한국이다. 그 만큼 한국에서는 학원을 어렵지 않게 접할 수 있으며, 교육활동과 온라인 콘텐츠, 교구들도 다양해지고 있다. 학생들은 학교 수업보다 학원 강의에 더 귀를 기울인다.

학원을 이용한 적이 있다는 만 0~6세 영유아 학부모를 대상으로 물어본 사교육 이용 이유에 대해서 '아이가 또래 친구들에 비해 뒤처질까 봐 두려워서'라는 학부모 응답이 38.6%로 가장 많았고, '아이의 재능이나 소질을 찾아 주기 위해서'라는 응답이 32.5%로 뒤를 이었다.

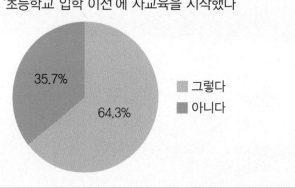

'초등학교 입학 이전'에 사교육을 시작했다

1) 부모들이 초등학교 입학 이전의 자녀에게 사교육을 시키는 가장 큰 이유는 무엇입니까?

_____

2) 이러한 현상이 지속된다면 어떤 문제가 생깁니까? 아는 대로 써 보세요.

_____

1. 한국 교육의 특징은 무엇입니까?
2. 한국 사교육의 문제는 무엇입니까?
3. 지나친 사교육을 줄이기 위한 해결 방법은 어떤 것이 있습니까?

1. 한국 교육의 특징은 무엇입니까?

한국은 _____이/가 _____.

쓸 Tip 내가 알고 있는 한국 교육의 특징에 대해 쓰는 것이 좋습니다.

예시답안 한국은 교육열이 높아서 사교육이 다양하게 발전했다.

2. 한국 사교육의 문제는 무엇입니까?

_____ 문제가 발생하고 있다.

쓸 Tip 여기에서 '문제'는 좋지 않은 현상을 말합니다. 내가 알고 있는 한국 사교육의 문제는 어떤 것이 있는지 정리하여 쓰는 것이 좋습니다. '~ 문제가 있다.'라는 표현으로도 쓸 수 있습니다.

예시답안 사교육의 발전으로 경쟁적인 학습 분위기가 되어 학생들이 공부에 부담을 느끼는 문제가 발생하고 있다.

3. 지나친 사교육을 줄이기 위한 해결 방법은 어떤 것이 있습니까?

사교육을 줄이기 위해서는 _____지 않고 _____

것이 필요하다고 생각한다. _____.

쓸 Tip 위 '문제'에 대한 '해결 방법'을 고민하여 쓰는 것이 좋습니다. '~지 말고', '~(이)라고 생각한다.' 등의 표현으로도 쓸 수 있습니다.

예시답안 사교육을 줄이기 위해서는 성적을 위주로 평가하지 않고 학생의 가능성과 열정을 평가하는 방침을 세우는 것이 필요하다고 생각한다. 부모와 학교, 그리고 정부가 협력해 공교육을 강화하는 정책과 환경을 만들어야 한다.

※ 다음 내용을 포함하여 '한국의 사교육'이라는 제목으로 글을 쓰시오.

- 한국 사교육의 문제는 무엇입니까?
- 지나친 사교육을 줄이기 위한 해결 방법은 어떤 것이 있습니까?

(단, 답안지에 제목은 생략하고 <u>본문만 쓰세요</u>.)

🔍 **다시 확인하기**

- ☑ 하나의 글에 2가지 질문에 대한 답이 모두 들어가야 합니다.
- ☑ 2가지 질문에 대한 답이 자연스럽게 연결되어야 합니다.
- ☑ '-(으)ㄴ/는다, -(이)다'의 문어체로 글을 작성해야 합니다.
- ☑ 글을 쓰기 전에 자기 나라 말로 한번 생각해 본 후 글을 쓰는 것도 좋은 방법입니다.
- ☑ 글을 쓸 때 자신이 쓴 문장이 자연스러운지, 맞춤법은 맞게 썼는지 다시 읽어봐야 합니다.

한	국	은		지	나	친		사	교	육	으	로		학	생	들	이	
공	부	에		부	담	을		느	끼	는		경	우	가		많	다	.	사
교	육	을		줄	이	려	면		학	생	들	에	게		입	시		위	주
가		아	닌		다	양	한		교	육		프	로	그	램	을		제	공
하	고	,	공	교	육		환	경	을		강	화	해	야		한	다	.

아래와 같이 다른 답안도 쓸 수 있어요!

한국은 교육열이 매우 높아 사교육을 많이 하는데, 그로 인해 입시 스트레스와 사교육비 지출 부담의 문제가 발생하고 있다. 이를 줄이기 위해서는 공교육을 강화하는 정책이 필요하다.

종합평가 원고지 쓰기

※ 다음 내용을 포함하여 '한국의 사교육'이라는 제목으로 글을 쓰시오.

> • 한국 교육의 특징은 무엇입니까?
> • 한국 사교육의 문제는 무엇입니까?
> • 지나친 사교육을 줄이기 위한 해결 방법은 어떤 것이 있습니까?

(단, 답안지에 제목은 생략하고 <u>본문만</u> 쓰세요.)

🔍 다시 확인하기

- ☑ 하나의 글에 3가지 질문에 대한 답이 모두 들어가야 합니다.
- ☑ 3가지 질문에 대한 답이 자연스럽게 연결되어야 합니다.
- ☑ '-(으)ㄴ/는다, -(이)다'의 문어체로 글을 작성해야 합니다.
- ☑ 글을 쓰기 전에 자기 나라 말로 한번 생각해 본 후 글을 쓰는 것도 좋은 방법입니다.
- ☑ 글을 쓸 때 자신이 쓴 문장이 자연스러운지, 맞춤법은 맞게 썼는지 다시 읽어봐야 합니다.

	한	국	은		교	육	열	이		높	아	서		사	교	육	이		다
양	하	게		발	전	했	다	.		그	러	나		사	교	육	의		발	전
은		경	쟁	적	인		학	습		분	위	기	가		되	어		학	생
들	이		공	부	에		부	담	을		느	끼	는		경	우	가		많
아	졌	다	.		사	교	육	을		줄	이	기		위	해	서	는		성	적
위	주	의		평	가	를		하	지		않	고		학	생	의		가	능
성	과		열	정	을		평	가	하	는		방	침	을		세	우	는	
것	이		필	요	하	다	고		생	각	한	다	.		부	모	와		학	교,
그	리	고		정	부	가		협	력	해		공	교	육	을		강	화	하
는		정	책	과		환	경	을		만	들	어	야		한	다	.

아래와 같이 다른 답안도 쓸 수 있어요!

한국은 교육열이 매우 높아 학원, 과외, 온라인 교육 등의 사교육 종류가 많다. 그러나 지나친 사교육으로 입시 스트레스와 사교육비 지출 부담 등의 문제가 발생하고 있다. 과도한 사교육은 사회와 자녀 교육에도 좋지 않다. 그렇기 때문에 교사의 권위를 높이고 공교육을 강화할 수 있는 정책이나 방과 후 학교 등에서 심화 학습을 할 수 있는 시스템이 필요하다고 생각한다.

인생에서 가장 중요한 시험

여러분 인생에서 가장 중요한 시험은 어떤 시험이었나요? 한국에서는 고등학생들이 대학교 입학을 위해 1년에 한 번 치르는 시험이 있습니다. 바로 '대학수학능력시험(수능)'입니다. 수능은 매년 딱 한 번, 11월 셋째 주 목요일에 실시됩니다. 1994년에 처음 실시된 '대학수학능력시험'은 통합 교과서를 바탕으로 사고력을 측정하는 문제가 출제되고 있습니다.

수능은 1년에 한 번 치르는 시험이기 때문에 한국 학생 대부분은 인생에서 가장 중요한 시험이라고 생각합니다. 왜냐하면 학생들은 이 시험을 위해 최소 12년 동안 공부를 해왔기 때문입니다. 수능은 사회와 가족의 기대, 압박감으로 학생들의 스트레스가 큰 시험입니다. 그만큼 국가적으로 중요한 시험이기 때문에 이날은 한국 전체가 짧은 침묵을 유지합니다. 듣기 평가가 진행되는 시간에는 소음을 줄이기 위해 항공기가 통제되고, 버스와 택시는 경적을 울리지 않도록 권고*하고 있습니다.

수능이 인생의 전부는 아니지만 한국에서는 수능으로 대학을 결정하고, 미래의 직업과 소득에 영향을 줄 수 있기 때문에 한국 사람들은 수능이 인생을 바꿀 수도 있는 시험이라고 생각합니다. 심지어 인간관계에도 영향을 미칠 수 있습니다. 이처럼 수능의 결과는 많은 것을 결정합니다.

그만큼 한국에서 중요한 시험이라고 생각하기 때문에 수능이 끝나면 수고한 수험생들을 위해 각종 기관과 기업에서 이벤트, 공연, 무료입장, 할인 등 다양한 행사와 혜택을 제공합니다.

* 권고: 어떤 일을 하도록 동의를 구하며 충고함

※ 여러분이 본 시험에 대해 써 보세요.

1. _____

2. _____

3. _____

어휘 더하기

※ 단어와 그 의미가 서로 알맞은 것을 연결하세요.

1. 특정 자격을 취득하기 위해 •   • ㉠ 기말고사
   치르는 전문 시험

2. 컴퓨터 등을 이용하는 방식 •   • ㉡ 모의고사
   의 시험

3. 실제 시험에 대비하여 그 •   • ㉢ 온라인 시험
   내용과 형식을 그대로 따라
   보는 시험

4. 학기 말에 이루어지는 평가 •   • ㉣ 자격증 시험
   시험

5. 특정 언어 능력을 평가하기 •   • ㉤ 어학 시험
   위해 이루어지는 평가 시험

1. 다음을 읽고 문장을 만들어 보세요.

먼저, 한국은 교육열이 높은 나라이다. 초등학교부터 고등학교, 취업을 할 때까지 학업에 대한 높은 기대와 경쟁이 있다. 한국의 교육은 대학 입시를 중심으로 이루어지며, 11월 셋째 주 목요일에 '대학수학능력시험(수능)'이라는 시험을 친다.

중국도 한국처럼 교육에 대한 열정이 매우 높은 나라이다. 중국의 대학 입학 시험은 '가오카오'라고 하는데 매년 6월 초순에 이틀간 실시한다. '가오카오' 당일에는 학부모와 선생님들이 합격을 기원하는 치파오를 입고 학생들을 응원하기도 한다.

일본은 국공립대학교에 진학을 희망하는 학생들이 한국의 수능처럼 '센터시험(대학입학공통테스트)'을 치른다. 센터시험은 매년 1월 중순에 이틀간 실시한다.

미국의 'SAT'는 SAT 논리력시험과 SAT 과목시험으로 구성되며, 이 모든 시험을 통틀어 SAT라고 말한다. 1년에 약 7번 정도 치러지며, 학생이 원하는 달에 시험을 치를 수 있다.

프랑스의 '바칼로레아'는 한국의 논술시험과 비슷하지만 답이 정해지지 않은 철학적 문제가 출제된다. 일정한 점수 이상을 얻으면 원하는 전공의 대학을 배정받을 수 있으며, 보통 6월 중순에 약 일주일간 시험을 친다.

예 한국은 11월 셋째 주 목요일에 수능이라는 시험을 친다. 교육열이 높은 한국에서는 취업을 할 때까지 학업에 대한 기대가 크고 경쟁이 치열하다.

1) 중국은 _____

2) 일본은 _____

3) 미국은 _____

4) 프랑스는 _____

1. 여러분이 본 시험 중 가장 중요한 시험은 무엇입니까?
2. 그 시험을 잘 보기 위하여 어떤 노력을 했습니까?
3. 그 시험이 여러분의 인생에 어떤 영향을 미쳤습니까?

1. 여러분이 본 시험 중 가장 중요한 시험은 무엇입니까?

내가 본 시험 중 가장 중요한 시험은 ＿＿＿＿＿＿＿＿＿＿＿＿＿＿＿＿＿(이)다.

쓸 Tip 내가 본 시험의 종류(한국어 시험, 운전면허시험, 자격증 시험 등) 중 가장 중요하다고 생각하는 시험을 정리하여 쓰는 것이 좋습니다. 만약 아직 시험을 쳐 본 적이 없다면 지금 준비 중인 시험에 대해 써도 좋습니다.

예시답안 내가 본 시험 중 가장 중요한 시험은 운전면허시험이다.

2. 그 시험을 잘 보기 위하여 어떤 노력을 했습니까?

＿＿＿＿＿＿＿＿＿＿＿＿＿＿＿＿＿＿＿＿＿＿＿＿＿＿＿＿＿＿＿＿＿＿.

쓸 Tip '노력'이란 목적을 이루기 위해 몸과 마음을 다하는 것을 의미합니다. 시험을 잘 보기 위해 어떤 노력(일)을 했는지 자세히 정리하여 쓰는 것이 좋습니다. '~을/를 했다.' 등의 표현도 쓸 수 있습니다.

예시답안 시험에 통과하려고 운전학원에 다니면서 궁금한 점이 생길 때마다 선생님께 여쭤보고 운전하는 방법을 익혔다. 또 쉬는 날에는 남편과 차가 없는 공터에 나가 운전 연습을 하며 실력을 길렀다.

3. 그 시험이 여러분의 인생에 어떤 영향을 미쳤습니까?

＿＿＿＿＿＿＿＿＿＿＿＿＿＿＿＿＿＿＿＿＿＿＿＿＿＿＿＿＿＿＿＿＿＿.

쓸 Tip 시험이 여러분의 인생에 긍정적인(좋은) 영향을 미쳤는지, 부정적인(나쁜) 영향을 미쳤는지 먼저 생각해 본 후 정리하여 쓰는 것이 좋습니다.

예시답안 운전을 못 했을 때는 외출할 때 항상 대중교통을 타야 했지만 면허를 딴 뒤에는 차 열쇠만 챙기면 되니까 정말 편하고 좋다.

※ 다음 내용을 포함하여 '내 인생에서 가장 중요한 시험'이라는 제목으로 글을 쓰시오.

- 여러분이 본 시험 중 가장 중요한 시험은 무엇입니까?
- 그 시험을 잘 보기 위하여 어떤 노력을 했습니까?

(단, 답안지에 제목은 생략하고 본문만 쓰세요.)

🔍 다시 확인하기

☑ 하나의 글에 2가지 질문에 대한 답이 모두 들어가야 합니다.

☑ 2가지 질문에 대한 답이 자연스럽게 연결되어야 합니다.

☑ '-(으)ㄴ/는다, -(이)다'의 문어체로 글을 작성해야 합니다.

☑ 글을 쓰기 전에 자기 나라 말로 한번 생각해 본 후 글을 쓰는 것도 좋은 방법입니다.

☑ 글을 쓸 때 자신이 쓴 문장이 자연스러운지, 맞춤법은 맞게 썼는지 다시 읽어봐야 합니다.

	내	가		본		시	험		중		가	장		중	요	했	던		것
은		운	전	면	허	시	험	이	다	.		시	험	에		통	과	하	려	고
학	원	을		다	니	면	서		선	생	님	께		운	전	을		잘	할
수		있	는		방	법	을		여	쭤	봤	다	.		또		남	편	과
함	께		운	전		연	습	을		하	기	도		했	다	.			

아래와 같이 다른 답안도 쓸 수 있어요!

내가 봤던 시험 중 가장 중요한 시험은 한국어능력시험이다. 시험을 잘 보기 위해 매일 한국어 어휘와 문법을 공부하고 외웠다. 토픽 문제집을 사서 문제를 풀어 보는 연습도 많이 했다.

종합평가 원고지 쓰기

※ 다음 내용을 포함하여 '내 인생에서 가장 중요한 시험'이라는 제목으로 글을 쓰시오.

- 여러분이 본 시험 중 가장 중요한 시험은 무엇입니까?
- 그 시험을 잘 보기 위하여 어떤 노력을 했습니까?
- 그 시험이 여러분의 인생에 어떤 영향을 미쳤습니까?

(단, 답안지에 제목은 생략하고 <u>본문만 쓰세요</u>.)

🔍 다시 확인하기

- ☑ 하나의 글에 3가지 질문에 대한 답이 모두 들어가야 합니다.
- ☑ 3가지 질문에 대한 답이 자연스럽게 연결되어야 합니다.
- ☑ '-(으)ㄴ/는다, -(이)다'의 문어체로 글을 작성해야 합니다.
- ☑ 글을 쓰기 전에 자기 나라 말로 한번 생각해 본 후 글을 쓰는 것도 좋은 방법입니다.
- ☑ 글을 쓸 때 자신이 쓴 문장이 자연스러운지, 맞춤법은 맞게 썼는지 다시 읽어봐야 합니다.

내가 본 시험 중 가장 중요한 시험은 운전면허시험이다. 시험에 통과하려고 운전학원에 다니면서 궁금한 점이 생길 때마다 선생님께 여쭤보고 운전하는 방법을 익혔다. 또 쉬는 날에는 남편과 차가 없는 공터에서 운전 연습을 하여 실력을 길렀다. 운전을 못했을 때는 외출할 때 항상 대중교통을 타야 했지만 연허를 딴 뒤에는 차 열쇠만 챙기면 되니까 정말 편하고 좋다.

아래와 같이 다른 답안도 쓸 수 있어요!

내가 봤던 시험 중 가장 중요한 시험은 한국어능력시험이다. 한국어 시험을 잘 보기 위해 매일 3시간씩 한국어 어휘와 문법을 공부했다. 그리고 토픽 문제집을 사서 문제를 풀어 보는 연습도 많이 했다. 처음 한국에 왔을 때는 한국어가 부족해서 일을 할 때 다른 사람의 말을 이해하지 못했는데 토픽 공부를 한 후 한국어로 한국 사람과 이야기를 할 수 있게 되었다.

4 취업

한국의 취업과 고용

2024년 기준으로 대한민국의 고용률은 62.7%입니다. OECD 평균이 69.5%인 것을 비교하면 다소 낮은 수치라고 할 수 있습니다. 고용률 중에서도 특히 15~29세의 청년층 고용률은 46.1%로 매우 심각한 상황입니다. 대한민국의 청년층의 실업률은 약 6%로, 대한민국 전체 실업률 2.9%와 비교하면 훨씬 높습니다. 더욱 심각한 문제는 취업 시장이 장기간 얼어붙으며 취업 준비를 포기하고 '그냥 쉬는' 청년들도 늘고 있다는 것입니다. 이러한 청년 실업률은 한국뿐만 아니라 중국과 인도 등 빠르게 성장하는 아시아 국가에서 주요 문제점으로 떠오르고 있습니다. 아시아 국가에서 적절한 일자리를 찾지 못한 15~24세 청년층 인구는 3,000만 명에 달합니다. 즉 회사에서 청년층을 고용하는 비율이 낮은데, 일을 하려고 하는 청년층도 줄어들고 있다는 것입니다.

오늘날 많은 청년이 겪고 있는 실업 문제를 해결하기 위해서는 청년들에게 새로운 직업 교육의 기회를 제공해야 합니다. 전통적인 학문적 교육과 함께 실제 산업 현장에서 요구되는 기술과 능력을 기를 수 있는 실용적인 교육이 필요합니다. 최근 첨단 산업 등 디지털 기술의 발달로 새로운 직무와 기회가 생기고 있는 만큼 직업 교육을 강화하는 교육도 필요합니다. 청년 실업은 개인의 문제가 아니라 사회의 문제이며, 이를 위해 정부는 청년들이 일을 하고 능력을 기를 수 있는 환경을 만들어 주고, 청년들이 새로운 기회를 잡을 수 있는 실질적이고 다양한 정책을 마련해야 합니다.

※ 다음 기사의 제목을 참고하여 공통된 문제점이 무엇인지 써 보세요.

"취업 못해서 졸업 못해요." 취업 한파	늘어나는 '쉬었음' 청년들	"20대 내내 알바만" 불완전 취업 상태 급증
갈 곳이 없다, 고용률 9개월 연속 감소	구직자는 100명, 일자리는 28개뿐	고용절벽 장기화

_____

_____

※ 다음 문장에 들어갈 알맞은 단어를 써 보세요.

> 취업 / 일자리 / 기업 / 정보

청년층 고용 한파가 지속되자 기업과 정부, 경제 단체 등이 청년을 위한 (㉠   ) 확대를 위해 대규모 (㉡   ) 박람회를 개최합니다. 이번 박람회에서는 인공지능과 빅데이터 분석을 활용하여 청년 구직 및 채용 (㉢   )을/를 제공하는 서비스도 준비할 예정이라고 합니다.

1. 다음을 읽고 질문에 대한 답을 써 보세요.

6개월 이상 취업에 성공하지 못한 실업자 5명 중 3명은 청년세대인 것으로 조사됐다. 청년 층 중심으로 실업률이 길어지는 큰 이유는 양질의 일자리가 부족하기 때문이다. 반면 단 기·임시로 일을 하고 있는 '불완전 취업 상태'인 청년들은 크게 늘어난 것으로 보인다. 경기 가 나빠지며 정규직 등 안정적인 일자리가 많이 없는 상황에서 취업에 실패하거나 구직 기 간이 길어지는 청년들이 생계 등의 이유로 단기 일자리에 뛰어드는 현상이 가속화되고 있 다. 이러한 현상이 청년층 고용률 감소로 이어지고 있다. 청년들의 불완전 취업 상태가 지속 되면 경기 침체도 가속화될 수 있어, 공공부문 일자리 확대 및 청년 고용 확대 등 청년들에 게 실질적인 도움이 되는 정부의 정책이 필요하다.

---

1) 위의 기사에서 말하고 있는 중요한 문제는 무엇입니까?

_____

_____

2) 문제를 해결하기 위해서는 어떤 정책이 필요합니까?

_____

_____

> 1. 만약 한국에서 취업을 하게 된다면 어떤 일을 하고 싶습니까?
> 2. 왜 그 일을 하고 싶습니까?
> 3. 그 일을 하려면 어떤 준비가 필요합니까?

1. 만약 한국에서 취업을 하게 된다면 어떤 일을 하고 싶습니까?

_____에서 _____고 싶다.

쓸 Tip 한국에서 어떤 일을 하고 싶은지 생각한 후에 쓰는 것이 좋습니다. '만약 한국에서 취업을 하게 된다면'이라는 표현도 쓸 수 있습니다.

예시답안 한식당 같은 전통 음식점에서 일을 하고 싶다.

2. 왜 그 일을 하고 싶습니까?

_____고, _____기 때문이다.

_____.

쓸 Tip 그 일을 하고 싶은 이유에 대해 자세하게 생각해 쓰는 것이 좋습니다. '왜냐하면 ~기 때문이다.'라는 표현도 쓸 수 있습니다.

예시답안 한국의 다양한 요리를 배울 수 있고, 많은 사람과 소통할 수 있기 때문이다. 또 고향에 돌아가서도 내 특기가 될 수 있을 것이다.

3. 그 일을 하려면 어떤 준비가 필요합니까?

_____에서 일을 하려면 _____. 그리고 _____.

쓸 Tip 필요한 자격증, 관련된 경험이나 경력, 관련된 공부 등 그 일을 위해 어떤 준비가 필요한지 생각하여 쓰는 것이 좋습니다. '~을/를 하려면 ~이/가 필요하다.'라는 표현도 쓸 수 있습니다.

예시답안 전통 음식점에서 일을 하려면 한식 요리사 자격증을 따고, 관련 경험을 많이 쌓아야 한다. 그리고 한국의 음식 문화에 대해서도 잘 이해하고 있어야 한다.

※ 다음 내용을 포함하여 '취업'이라는 제목으로 글을 쓰시오.

> • 만약 한국에서 취업을 하게 된다면 어떤 일을 하고 싶습니까?
>
> • 그 일을 하려면 어떤 준비가 필요합니까?

(단, 답안지에 제목은 생략하고 <u>본문만 쓰세요</u>.)

🔍 다시 확인하기

☑ 하나의 글에 2가지 질문에 대한 답이 모두 들어가야 합니다.

☑ 2가지 질문에 대한 답이 자연스럽게 연결되어야 합니다.

☑ '-(으)ㄴ/는다, -(이)다'의 문어체로 글을 작성해야 합니다.

☑ 글을 쓰기 전에 자기 나라 말로 한번 생각해 본 후 글을 쓰는 것도 좋은 방법입니다.

☑ 글을 쓸 때 자신이 쓴 문장이 자연스러운지, 맞춤법은 맞게 썼는지 다시 읽어봐야 합니다.

한	국	에	서		취	업	을		한	다	면		음	식	점	에	서	
일	을		하	면	서		한	국		전	통		음	식	을		만	드	는
법	을		배	우	고		싶	다	.	그	래	서		요	리	사		자	격
증	을		따	고		음	식	점	에	서		아	르	바	이	트	를		하
면	서		관	련		경	험	을		많	이		쌓	으	려	고		한	다.

아래와 같이 다른 답안도 쓸 수 있어요!

한국에서 취업을 하게 된다면 통번역 일을 하고 싶다. 한국과 고향을 오가며 도움이 필요한 사람들에게 도움을 주고 싶기 때문이다. 그래서 대학원에 진학하여 통번역 공부를 더 하려고 한다.

종합평가 원고지 쓰기

※ 다음 내용을 포함하여 '취업'이라는 제목으로 글을 쓰시오.

- 만약 한국에서 취업을 하게 된다면 어떤 일을 하고 싶습니까?
- 왜 그 일을 하고 싶습니까?
- 그 일을 하려면 어떤 준비가 필요합니까?

(단, 답안지에 제목은 생략하고 <u>본문만 쓰세요</u>.)

(빈 원고지)

🔍 다시 확인하기

☑ 하나의 글에 3가지 질문에 대한 답이 모두 들어가야 합니다.

☑ 3가지 질문에 대한 답이 자연스럽게 연결되어야 합니다.

☑ '-(으)ㄴ/는다, -(이)다'의 문어체로 글을 작성해야 합니다.

☑ 글을 쓰기 전에 자기 나라 말로 한번 생각해 본 후 글을 쓰는 것도 좋은 방법입니다.

☑ 글을 쓸 때 자신이 쓴 문장이 자연스러운지, 맞춤법은 맞게 썼는지 다시 읽어봐야 합니다.

	만	약		한	국	에	서		취	업	을		하	게		된	다	면	
한	식	당	과		같	은		전	통		음	식	점	에	서		일	을	
하	고		싶	다	.	한	국	의		다	양	한		요	리	를		배	울
수		있	고		많	은		사	람	과		소	통	할		수		있	기
때	문	이	다	.		또		고	향	에		돌	아	가	서	도		내	특
기	가		될		수		있	을		것	이	다	.		전	통		음	식	점
에	서		일	을		하	려	면		한	식		요	리	사		자	격	증
을		따	고	,		관	련		경	험	을		많	이		쌓	아	야		한
다	.		그	리	고		한	국	의		음	식		문	화	에		대	해	서
도		잘		이	해	하	고		있	어	야		한	다	.					

아래와 같이 다른 답안도 쓸 수 있어요!

만약 한국에서 취업을 하게 된다면 통번역 일을 하고 싶다. 언어를 좋아하기도 하고 도움이 필요한 사람들에게 도움을 줄 수 있기 때문이다. 그리고 한국과 고향을 자유롭게 다닐 수 있다는 점도 매력적이다. 그러나 아직은 나의 한국어 실력과 통번역 공부가 부족하다는 생각이 든다. 그래서 한국에서 대학원에 진학하여 한국어와 통번역 공부를 더 해서 실력을 키우려고 한다.

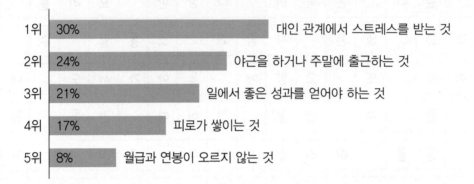

직장생활이 가장 힘들 때

1위	30%	대인 관계에서 스트레스를 받는 것
2위	24%	야근을 하거나 주말에 출근하는 것
3위	21%	일에서 좋은 성과를 얻어야 하는 것
4위	17%	피로가 쌓이는 것
5위	8%	월급과 연봉이 오르지 않는 것

직장인 1,000명을 대상으로 직장에서 가장 힘든 일에 대한 설문 조사를 실시한 결과, 많은 직장인이 대인 관계 때문에 스트레스를 받아서 힘들다고 답했습니다. 그리고 직장에서는 다양한 성격을 가진 사람들과 일해야 하고, 직위나 직급의 차이가 있어 부장, 차장, 대리 등 직장 상사와의 상하 관계도 어렵다고 했습니다. 직장은 저마다 성장환경, 성향, 직위, 업무 등이 다른 사람들과 협업*하는 공간으로 그만큼 스트레스도 크기 마련입니다. 직장 스트레스는 직장 내 괴롭힘, 불화, 대인 관계의 어려움, 과도한 업무량, 성과 경쟁, 수면 부족 등이 원인이 되어 다양하게 나타날 수 있습니다.

이를 해결하기 위해서는 일과 대인 관계의 균형이 중요합니다. 일과 대인 관계의 경계가 무너지면 균형이 깨지고, 문제가 발생합니다. 따라서 직장의 본질은 '일'임을 깨달아야 합니다. 그리고 대인 관계는 좋아지기도 하고, 나빠지기도 한다는 점을 이해해야 스트레스를 받지 않고 일을 할 수 있습니다.

* 협업: 힘을 합해서 하는 일

※ 여러분은 직장생활 중에서 어떤 점이 가장 어렵습니까?

1. _____

2. _____

3. _____

어휘 더하기

※ 다음 문장에 들어갈 알맞은 단어를 써 보세요.

대인 관계 / 독서 / 취미 활동 / 전문가

많은 직장인이 직장생활을 하면서 (㉠   ), 많은 양의 업무 등으로 어려움을 겪습니다. 이러한 어려움을 극복하기 위해서는 다양한 활동이 필요합니다. 또는 자신이 좋아하는 일을 하거나 꽃꽂이, 영화 관람 등의 (㉡   )을/를 하면서 재충전을 할 수 있습니다. 직장에서 스스로 해결할 수 없는 힘든 상황이 생긴다면 (㉢   )의 도움을 받아도 좋습니다.

1. 다음을 읽고 질문에 대한 답을 써 보세요.

> 한국은 유교 문화가 현재까지도 남아있다. 특히 한국의 직장은 질서를 중요하게 생각한다. 상사의 지시를 존중하고, 업무를 진행하는 것이 일반적이다. 이러한 문화는 빠른 의사 결정과 실행을 할 수 있지만 때로는 개인의 의견을 제한하고, 창의적인 아이디어를 내기 어렵다는 단점이 있다. 또, 직급과 질서에 따라 나이가 많은 동료나 상사가 있다면 존댓말을 해야 한다. 그리고 동료 및 상사와 가까워지기 위한 회식이 많다. 예전에는 술을 마시며 회사 사람들과 더욱 친해졌지만 최근에는 술자리 대신 영화 관람 등 문화생활이나 점심 식사를 하는 회식도 많아지고 있다.

1) 한국의 직장 문화에는 어떤 것이 있습니까?

_____

_____

2) 고향의 직장 문화와 가장 다른 점이 있다면 무엇입니까?

_____

_____

_____

2. 다음을 읽고 단어를 활용하여 문장을 만들어 보세요.

> 추석 / 음력 8월 15일 → <u>추석은 음력 8월 15일입니다.</u>

1) 대인 관계 / 스트레스 / 직장인 → _____

2) 직장 상사 / 상하 관계 → _____

3) 일 / 대인 관계 / 균형 → _____

---

1. 한국에서 직장생활 중 어려움을 경험한 적이 있습니까?

2. 그 어려움을 어떻게 극복했습니까?

3. 직장생활을 잘 하려면 어떻게 해야 합니까?

---

1. 한국에서 직장생활 중 어려움을 경험한 적이 있습니까?

한국 회사는 _____.

쓸 Tip 한국의 직장생활(또는 학교생활)에서 어려움을 겪은 일이나 본인이 생각하는 어려운 점이 있으면 정리하여 쓰는 것이 좋습니다. '어려웠다/힘들었다/불편했다/어색했다' 등의 표현도 쓸 수 있습니다.

예시답안 한국 회사는 회식이 많아 처음에는 불편하고 어색했다.

2. 그 어려움을 어떻게 극복했습니까?

_____은/는 _____, _____.

쓸 Tip 어떤 어려움을 어떻게 극복했는지 생각하여 가능하다면 자세히 쓰는 것이 좋습니다.

예시답안 회식은 직장에서의 어려움과 갈등을 해결할 수 있는 소통의 장이었고, 회식 문화에 적응하면서 동료들과 소통이 편해지고 한국어 실력도 많이 늘었다.

3. 직장생활을 잘 하려면 어떻게 해야 합니까?

직장생활을 잘 하려면 _____, _____이/가 필요하다.

쓸 Tip 외국인이 한국에서 직장생활을 잘 하려면 어떤 점을 주의하는 것이 좋을지, 어떻게 행동해야 좋을지 정리하여 쓰는 것이 좋습니다. '~해야 한다.'라는 표현도 쓸 수 있습니다.

예시답안 직장생활을 잘 하려면 열린 마음으로 문화를 받아들이고, 적극적으로 소통하는 자세가 필요하다.

※ 다음 내용을 포함하여 '직장생활의 어려움'이라는 제목으로 글을 쓰시오.

- 한국에서 직장생활 중 어려움을 경험한 적이 있습니까?

- 그 어려움을 어떻게 극복했습니까?

(단, 답안지에 제목은 생략하고 <u>본문만</u> 쓰세요.)

🔍 다시 확인하기

☑ 하나의 글에 2가지 질문에 대한 답이 모두 들어가야 합니다.

☑ 2가지 질문에 대한 답이 자연스럽게 연결되어야 합니다.

☑ '-(으)ㄴ/는다, -(이)다'의 문어체로 글을 작성해야 합니다.

☑ 글을 쓰기 전에 자기 나라 말로 한번 생각해 본 후 글을 쓰는 것도 좋은 방법입니다.

☑ 글을 쓸 때 자신이 쓴 문장이 자연스러운지, 맞춤법은 맞게 썼는지 다시 읽어봐야 합니다.

	처	음	에	는		회	식	이		많	아		불	편	했	다	.		그	러
나		회	식	을		통	해		직	장	에	서	의		어	려	움	과
갈	등	을		해	결	할		수		있	다	는		말	을		듣	고
열	심	히		참	여	했	다	.		그	랬	더	니		적	응	도		되	고
동	료	들	과	의		관	계	가		한	결		가	까	워	졌	다	.	

아래와 같이 다른 답안도 쓸 수 있어요!

한국 직장에서는 시간 약속을 중요하게 생각한다. 이런 점을 모르고 지각을 하여 어려운 상황을 겪은 적이 있었다. 그러나 한국 문화를 이해한 이후부터는 시간 약속을 잘 지키고 있다.

※ 다음 내용을 포함하여 '직장생활의 어려움'라는 제목으로 글을 쓰시오.

• 한국에서 직장생활 중 어려움을 경험한 적이 있습니까?

• 그 어려움을 어떻게 극복했습니까?

• 직장생활을 잘 하려면 어떻게 해야 합니까?

(단, 답안지에 제목은 생략하고 <u>본문만 쓰세요</u>.)

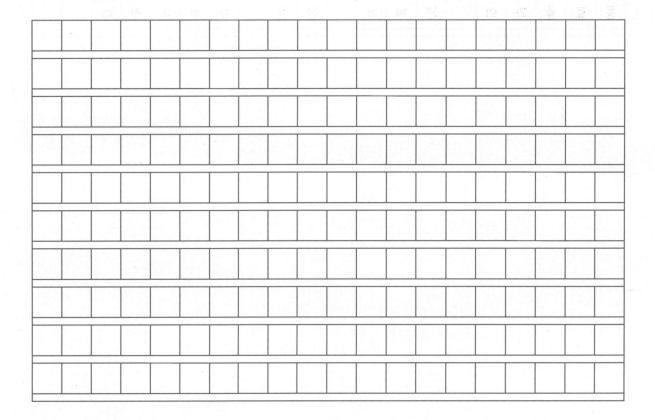

🔍 **다시 확인하기**

☑ 하나의 글에 3가지 질문에 대한 답이 모두 들어가야 합니다.

☑ 3가지 질문에 대한 답이 자연스럽게 연결되어야 합니다.

☑ '-(으)ㄴ/는다, -(이)다'의 문어체로 글을 작성해야 합니다.

☑ 글을 쓰기 전에 자기 나라 말로 한번 생각해 본 후 글을 쓰는 것도 좋은 방법입니다.

☑ 글을 쓸 때 자신이 쓴 문장이 자연스러운지, 맞춤법은 맞게 썼는지 다시 읽어봐야 합니다.

예시답안(200자)

	한	국	에	서		일	을		시	작	했	을		때		회	식	이	
많	아		처	음	에	는		불	편	하	고		어	색	했	다	.	그	러
나		한	국	에	서		회	식	은		직	장	에	서	의		어	려	움
과		갈	등	을		해	결	할		수		있	는		소	통	의		장
이	라	는		얘	기	를		듣	고		회	식	에		참	석	하	기	
시	작	했	다	.	회	식		문	화	에		적	응	하	면	서		동	료
들	과	의		소	통	이		편	해	지	고		한	국	어		실	력	도
많	이		늘	었	다	.	이	처	럼		직	장	생	활	을		잘		하
려	면		열	린		마	음	으	로		문	화	를		받	아	들	이	고,
적	극	적	으	로		소	통	하	는		자	세	가		필	요	하	다	.

아래와 같이 다른 답안도 쓸 수 있어요!

한국 직장은 시간 약속을 중요하게 생각한다. 이를 모르고 특별한 이유 없이 지각을 해 곤란한 상황을 겪은 적이 있었다. 그러나 한국 문화를 이해한 이후부터는 시간 약속을 잘 지키고 있다. 또 한국에서 직장생활을 잘 하려면 일을 잘하는 것도 중요하지만 같이 일하는 사람들과 좋은 관계를 맺는 것도 중요하기 때문에 긍정적인 태도로 다른 사람들을 대하는 것이 좋다.

04 소비와 경제

여러분은 어떤 소비생활을 하고 계시나요? 어디에 가장 많은 돈을 지출하고 있나요? 혹시 나의 계획과 다르게 너무 많은 돈을 지출하고 있지는 않나요? 우리는 매일 다양한 제품과 서비스를 사고팔며 살아갑니다. 이러한 소비 행동이 모여 국가의 경제를 형성하고 성장시킵니다. 따라서 우리는 소비자로서 책임감 있게 소비하고, 경제 활동을 지속할 수 있는 합리적인 소비 습관을 길러야 합니다. 이처럼 사회통합프로그램 작문형 문제에서는 소비생활과 경제에 대한 문제가 종종 출제되고 있습니다. 소비와 경제에 어떤 문제가 나오는지 함께 알아볼까요?

높아지는 물가

전쟁과 금리* 인상, 높아지는 환율 등 여러 상황이 겹쳐 공급이 부족해졌지만 수요는 계속 증가하여 물건의 가격도 점점 상승하고 있습니다. 물가가 올라 경제가 나빠진 가운데 경기 침체* 또한 길어지면서 소비는 감소하고 최저가, 중고 물품 거래 등의 규모는 오히려 증가하고 있습니다. 직장인들은 점심 식비라도 아끼기 위하여 편의점이나 구내식당으로 향합니다. 뿐만 아니라 친구나 지인과의 만남을 미루거나 꺼리는 모습도 나타나고 있습니다. 이에 런치플레이션(Lunchflation, 물가 상승으로 점심값이 증가하는 현상)이라는 신조어도 등장했습니다. 즉 점심 식비 부담이 커진 직장인들이 혼밥(혼자 밥을 먹는 것)으로 대충 식사를 해결하거나 약속을 줄이면서 식비에 많은 돈을 소비하지 않는 현상을 말합니다.

물가가 상승하여 소비자의 지갑이 닫히자, 대형 마트들은 고객을 끌어들이기 위해 고객 혜택을 늘리고 먹거리와 생필품 등을 매우 저렴한 금액으로 제공하는 행사를 진행하고 있습니다. 그러나 이러한 방법은 완벽한 해결 방법이 아닙니다. 물가는 계속 오르는데 직장인들의 월급은 1년간 평균 0.1% 정도 올랐습니다. 월급은 그대로인데 물가만 오르다 보니, 실제로 느끼는 임금의 가치는 계속 떨어지고 있는 것입니다. 그렇기 때문에 이를 단순히 물가 상승으로만 받아들이면 안 됩니다. 물가 변동으로 발생하는 문제를 해결하기 위한 정부의 현실적인 정책 개선이 필요한 시기입니다.

* 금리: 금융기관에서 빌린 돈이나 예금에 붙는 이자
* 침체: 어떤 일이나 사물이 발전하지 못하고 제자리에 머무름

※ 물가가 변화하는 이유는 무엇인지 써 보세요.

_____

_____

1. 다음 문장에 들어갈 알맞은 단어를 써 보세요.

> 환율 / 물가 안정 / 상승률 / 임금

높은 (㉠)과 물가 (㉡)은 당분간 쉽게 떨어지지 않을 것으로 보입니다. 그런 가운데 직장인 1,000명을 대상으로 설문 조사를 실시한 결과, 새해에 가장 듣고 싶은 뉴스 1위가 (㉢)(60%)인 것으로 나타났습니다.

1. 다음을 읽고 질문에 대한 답을 써 보세요.

> 최근 가족과 함께 외식을 갔던 A 씨는 중국 음식점 메뉴판을 보고는 깜짝 놀랐다. 자장면이 한 그릇에 9,000원이나 했기 때문이다. 이상 기후와 높은 환율의 영향으로 식품 및 외식 물가 상승률이 전체 소비자 물가 상승률보다 더 높게 나타났다.
>
> | 품목 | 2015년 | 2025년 |
> |---|---|---|
> | 라면 | 780원 | 1,000원 |
> | 커피 | 4,100원 | 4,700원 |
> | 버스 요금 | 1,200원 | 1,500원 |
> | 자장면 | 4,500원 | 9,000원 |
>
> 물가의 상승은 가정 내에서 물건 구입의 비율을 감소시킬 것이다. 그리고 저축과 생활비 마련조차 힘들어지는 등 우리 삶 전체에 영향을 끼칠 것이다.

물가가 계속 상승하면 어떤 문제가 발생합니까?

_____

1. 물가가 상승하는 이유는 무엇이라고 생각합니까?
2. 물가가 상승할 때 여러분이 느끼는 점은 무엇입니까?
3. 여러분은 물가가 상승할 때 어떻게 절약할 수 있습니까?

1. 물가가 상승하는 이유는 무엇이라고 생각합니까?

_____.

쓸 Tip | 물가가 상승하는 이유는 다양합니다. 자연재해로 인한 농산물의 감소, 전쟁, 국제 에너지 가격 상승 등 자신이 알고 있는 물가 상승의 이유를 정리하여 쓰는 것이 좋습니다.

예시답안 | 원자재의 가격이 오르면서 공급이 줄고 수요가 늘면서 물가가 상승하는 경우가 많다.

2. 물가가 상승할 때 여러분이 느끼는 점은 무엇입니까?

물가가 오르면 _____.

쓸 Tip | 어떤 점에서 물가가 상승했다고 느낍니까? 또는 물가가 상승할 때 어떤 생각이 듭니까? 여러분의 생각을 정리하여 쓰는 것이 좋습니다.

예시답안 | 물가가 오르면 물건을 살 때 돈이 많이 들어 생활비도 늘어난다.

3. 여러분은 물가가 상승할 때 어떻게 절약할 수 있습니까?

_____해야 한다.

_____.

쓸 Tip | 절약할 수 있는 나만의 방법을 생각하여 쓰는 것이 좋습니다.

예시답안 | 생활비를 절약하려면 먼저 예산을 세우고, 그 예산 안에서 생활해야 한다. 또 물건을 살 때 할인 상품을 사며, 외식보다는 집에서 음식을 만들어 먹는 것도 도움이 된다.

중간평가 원고지 쓰기

※ 다음 내용을 포함하여 '물가 변동'이라는 제목으로 글을 쓰시오.

- 물가가 상승하는 이유는 무엇이라고 생각합니까?
- 여러분은 물가가 상승할 때 어떻게 절약을 할 수 있습니까?

(단, 답안지에 제목은 생략하고 <u>본문만 쓰세요</u>.)

🔍 다시 확인하기

- ☑ 하나의 글에 2가지 질문에 대한 답이 모두 들어가야 합니다.
- ☑ 2가지 질문에 대한 답이 자연스럽게 연결되어야 합니다.
- ☑ '-(으)ㄴ/는다, -(이)다'의 문어체로 글을 작성해야 합니다.
- ☑ 글을 쓰기 전에 자기 나라 말로 한번 생각해 본 후 글을 쓰는 것도 좋은 방법입니다.
- ☑ 글을 쓸 때 자신이 쓴 문장이 자연스러운지, 맞춤법은 맞게 썼는지 다시 읽어봐야 합니다.

물	가	는		원	자	재	의		가	격	이		오	르	면	서		공
급	이		줄	고		수	요	가		늘	면	서		시	작	되	는		경
우	가		많	다	.		물	가	가		상	승	할		때		절	약	을
하	려	면		예	산	을		세	우	고	,		그		예	산		안	에	서
쓰	면	서		불	필	요	한		소	비	는		줄	여	야		한	다	.

아래와 같이 다른 답안도 쓸 수 있어요!

경제가 나빠지면 정부는 화폐 유통량을 늘리고, 이로 인해 화폐 가치가 떨어지면서 상품의 가격, 즉 물가가 상승한다. 물가가 상승할 때는 대중교통을 이용하고 불필요한 소비는 줄여야 한다.

※ 다음 내용을 포함하여 '물가 변동'이라는 제목으로 글을 쓰시오.

- 물가가 상승하는 이유는 무엇이라고 생각합니까?
- 물가가 상승할 때 여러분이 느끼는 점은 무엇입니까?
- 여러분은 물가가 상승할 때 어떻게 절약을 할 수 있습니까?

(단, 답안지에 제목은 생략하고 <u>본문만 쓰세요</u>.)

다시 확인하기

- ☑ 하나의 글에 3가지 질문에 대한 답이 모두 들어가야 합니다.
- ☑ 3가지 질문에 대한 답이 자연스럽게 연결되어야 합니다.
- ☑ '-(으)ㄴ/는다, -(이)다'의 문어체로 글을 작성해야 합니다.
- ☑ 글을 쓰기 전에 자기 나라 말로 한번 생각해 본 후 글을 쓰는 것도 좋은 방법입니다.
- ☑ 글을 쓸 때 자신이 쓴 문장이 자연스러운지, 맞춤법은 맞게 썼는지 다시 읽어봐야 합니다.

예시답안(200자)

	물	가	가		상	승	하	는		이	유	에	는		여	러		가	지
가		있	지	만		보	통	은		원	자	재	의		가	격	이		오
르	면	서		공	급	이		줄	고		수	요	가		늘	면	서		물
가	가		상	승	하	는		경	우	가		많	다	.	물	가	가		오
르	면		물	건	을		살		때		돈	이		많	이		들	어	
걱	정	이		늘	어	난	다	.	생	활	비	를		절	약	하	려	면	
먼	저		예	산	을		세	우	고	,	그		예	산		안	에	서	
생	활	해	야		한	다	.	또		물	건	을		살		때		할	인
상	품	을		사	며	,	외	식	보	다	는		집	에	서		음	식	을
만	들	어		먹	는		것	도		도	움	이		된	다	.			

아래와 같이 다른 답안도 쓸 수 있어요!

물가 상승의 이유는 다양하다. 경제가 나빠지면 정부는 화폐 유통량을 늘리고, 이로 인해 화폐 가치가 떨어지면서 상품 가격은 올라 물가가 상승한다. 그래서 물가가 상승할 때 어떻게 하면 생활비를 절약할 수 있을지 걱정이 많다. 이럴 땐 가까운 거리는 걷거나 대중교통을 이용하고 장을 볼 때는 먹을 만큼만 구입하는 것이 좋으며, 물건을 살 때에 불필요한 소비는 줄여야 한다.

합리적인 소비생활

"띵동~! 이달 20일까지 △△카드로 5만 원 이상 구매하신 고객님께 ○○커피 쿠폰을 드립니다!"

지속되는 경제 불안과 얼어붙은 고용시장, 주택 가격 상승 등 물가가 상승하면서 꼭 필요한 물건만 사고 불필요한 소비는 줄이는 모습이 나타나고 있습니다. '절약' 속에서 '꼭 필요한 것'만 사다 보니 단순하지만 지속 가능한 생활이 되고 있습니다. 특히 다시 사용할 수 있는 물건은 재활용을 하거나 중고 거래를 활발하게 하는 등의 모습이 많이 보입니다.

절약을 실천하는 방법으로는 외식이나 배달 음식 대신 집밥으로 해결하기, 지출 금액을 제한하고 해당 금액 안에서만 지출하는 습관 유지하기, 무료 콘텐츠로 여가 생활 즐기기, 중고 거래 등이 있습니다. 그리고 이러한 소비 형태에 따라 여러 애플리케이션 (App)에서도 쿠폰과 할인 혜택 등의 마케팅을 진행하고 있습니다. 예를 들어, 한 대형 마트에서는 설 선물 세트를 공동 구매로 진행한 적이 있었습니다. 공동 구매는 특정 제품을 필요로 하는 구매자들이 모여 단체로 구매하는 방식으로, 대량으로 구입하기 때문에 할인된 가격 등의 혜택을 볼 수 있다는 장점이 있습니다. 이 외에도 알뜰폰 요금제와 같이 다양한 할인 혜택이 포함된 마케팅 등 높아지는 물가 속에서 소비자가 필요로 하는 서비스가 나오고 있습니다.

※ 일상생활에서 돈을 절약하거나 돈을 모은 경험이 있다면 써 보세요.

예 새 스마트폰을 사고 싶어서 6개월 동안 30만 원씩 적금을 들었다.

_____

_____

_____

※ 다음 문장에 들어갈 알맞은 단어를 써 보세요.

중고 / 절약 / 친환경 / 재사용

'지속 가능한 소비'에 대해 아시나요? 지속 가능한 소비생활은 환경과 자원을 보호하고 효율적으로 사용하는 것을 목표로 합니다. 제품을 구입할 때 현재 꼭 필요한 것인지에 대해 고민하며, 구입한 후에는 수리하거나 (㉠   )하면서 한 제품을 오래 사용하는 것이 좋습니다. 물건을 빌리거나 나누는 문화도 지속 가능한 소비생활의 한 방법입니다.

또 재활용이 가능한 소재나 (㉡   )적으로 생산된 제품을 선택하는 것이 좋습니다. 불필요한 플라스틱이나 종이 사용은 줄이고, 에너지를 (㉢   )하는 습관을 만드는 것이 좋습니다. 이러한 노력들이 모인다면 불필요한 소비도 줄일 뿐만 아니라 지구 환경을 보호하고 더 깨끗한 사회를 만들 수 있습니다.

1. 다음을 읽고 질문에 대한 답을 써 보세요.

> 충동구매를 줄이고, 합리적인 소비를 하기 위해서는 사고 싶은 물건이 생겼을 때 바로 구매하는 것이 아니라 장바구니에 담아 놓고 생각해 보는 습관을 기르면 좋다. 또한 구매하고자 하는 물건에 대한 정보를 많이 찾아보는 것도 좋다. 같은 물건이라고 하더라도 판매하는 곳에 따라 가격이 다를 때가 있기 때문이다. 그리고 만약 가격대가 있는 제품의 경우라면 나의 소득을 고려한 후 단기 적금과 같은 금융 상품에 가입하여 돈을 모으는 기간 동안 신중하게 다시 생각해 보는 방법도 있다.

1) 윗글에서 말하는 합리적인 소비에는 무엇이 있습니까?

_____

_____

2) 내가 생각하는 합리적인 소비에는 무엇이 있습니까?

_____

_____

1. 어떤 항목의 지출이 가장 많은 편입니까?
2. 그 항목에 지출이 많은 이유는 무엇입니까?
3. 지출을 줄이기 위해서 어떤 노력을 할 수 있습니까?

1. 어떤 항목의 지출이 가장 많은 편입니까?

나는 _____ 항목의 지출이 가장 많다.

쓸 Tip 나의 소비생활 중 어떤 항목(식비, 주거비, 생활비, 교육비 등)에서 지출이 가장 많은지 생각하여 쓰는 것이 좋습니다. '~에 지출이 크다.', '~에 지출이 많은 편이다.' 등의 표현도 쓸 수 있습니다.

예시답안 나는 지금 월세로 살고 있어서 주거비 항목의 지출이 가장 많다.

2. 그 항목에서 지출이 많은 이유는 무엇입니까?

_____다 보니(까), _____.

쓸 Tip 그 항목에 지출이 많은 이유가 있을 것입니다. 그 이유를 정리하여 쓰는 것이 좋습니다. '~기 때문에 ~이/가 많이 나간다.' 등의 표현도 쓸 수 있습니다.

예시답안 왜냐하면 출퇴근을 위해 교통이 편한 곳에 집을 구하다 보니, 월세가 비싼 곳에 살게 되었기 때문이다.

3. 지출을 줄이기 위해서 어떤 노력을 할 수 있습니까?

_____로 나가는 지출을 줄이기 위해서 _____고 있다.

_____.

쓸 Tip 지출이 많은 항목을 줄이기 위한 나만의 방법을 생각하여 쓰는 것이 좋습니다.

예시답안 월세로 나가는 지출을 줄이기 위해서 이사할 곳을 알아보고 있다. 지하철역에서는 멀어지겠지만 그만큼 지출을 줄일 수 있을 것이다. 또 지자체에서 주거비 지원을 해 주는지도 알아보려고 한다.

중간평가 원고지 쓰기

※ 다음 내용을 포함하여 '나의 소비생활'이라는 제목으로 글을 쓰시오.

- 어떤 항목의 지출이 가장 많은 편입니까?
- 지출을 줄이기 위해서 어떤 노력을 할 수 있습니까?

(단, 답안지에 제목은 생략하고 <u>본문만</u> 쓰세요.)

🔍 **다시 확인하기**

- ☑ 하나의 글에 2가지 질문에 대한 답이 모두 들어가야 합니다.
- ☑ 2가지 질문에 대한 답이 자연스럽게 연결되어야 합니다.
- ☑ '-(으)ㄴ/는다, -(이)다'의 문어체로 글을 작성해야 합니다.
- ☑ 글을 쓰기 전에 자기 나라 말로 한번 생각해 본 후 글을 쓰는 것도 좋은 방법입니다.
- ☑ 글을 쓸 때 자신이 쓴 문장이 자연스러운지, 맞춤법은 맞게 썼는지 다시 읽어봐야 합니다.

	주	거	비		지	출	이		가	장		많	다	.
출	퇴	근	을		위	해	서		교	통	이		편	한
	곳	을		찾	다	보	니		월	세	가		비	싼
	곳	에		살	게		되	었	다	.		그	래	서
	지	출	을		줄	이	기		위	해		직	장	에
서		좀		멀	더	라	도		월	세	가		싼	
곳	을		알	아	보	고		있	다	.				

아래와 같이 다른 답안도 쓸 수 있어요!

영화 보는 것을 좋아해서 한 달에 세 번은 영화관에 가서 영화를 보기 때문에 문화 생활비의 지출이 가장 많다. 생활비를 줄이기 위해서 영화나 공연은 한 달에 한 번으로 줄이고 있다.

※ 다음 내용을 포함하여 '나의 소비생활'이라는 제목으로 글을 쓰시오.

- 어떤 항목의 지출이 가장 많은 편입니까?
- 그 항목에 지출이 많은 이유는 무엇입니까?
- 지출을 줄이기 위해서 어떤 노력을 할 수 있습니까?

(단, 답안지에 제목은 생략하고 <u>본문만</u> 쓰세요.)

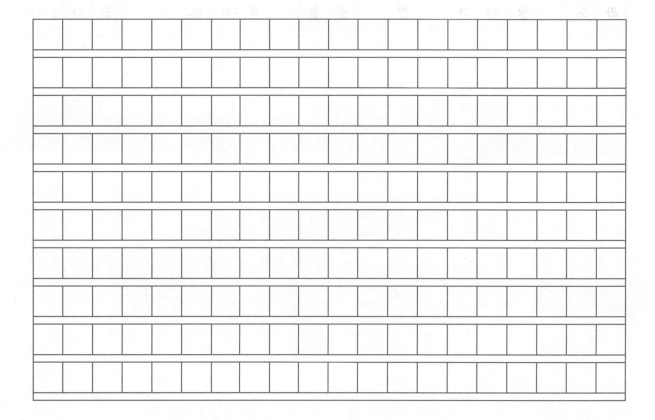

🔍 **다시 확인하기**

☑ 하나의 글에 3가지 질문에 대한 답이 모두 들어가야 합니다.

☑ 3가지 질문에 대한 답이 자연스럽게 연결되어야 합니다.

☑ '-(으)ㄴ/는다, -(이)다'의 문어체로 글을 작성해야 합니다.

☑ 글을 쓰기 전에 자기 나라 말로 한번 생각해 본 후 글을 쓰는 것도 좋은 방법입니다.

☑ 글을 쓸 때 자신이 쓴 문장이 자연스러운지, 맞춤법은 맞게 썼는지 다시 읽어봐야 합니다.

	지	금		월	세	로		살	고		있	어	서		주	거	비		항
목	의		지	출	이		가	장		많	다	.	왜	냐	하	면		출	퇴
근	을		위	해		교	통	이		편	한		곳	에		집	을		새
로		구	하	다		보	니	,	월	세	가		비	싼		곳	에		살
게		되	었	기		때	문	이	다	.		그	래	서		월	세	로	나
가	는		지	출	을		줄	이	기		위	해	서		이	사	할		집
을		알	아	보	고		있	다	.		지	하	철	역	에	서	는		멀	어
지	겠	지	만		월	세	로		나	가	는		지	출	을		줄	일	
수		있	을		것	이	다	.		또		지	자	체	에	서		주	거	비
지	원	을		해		주	는	지	도		알	아	보	려		한	다	.	

아래와 같이 다른 답안도 쓸 수 있어요!

지출 항목 중 생활비 지출이 가장 많다. 왜냐하면 영화와 커피를 좋아해서 한 달에 서너 번 영화관에서 영화를 보고, 매일 예쁜 카페에 가서 커피를 한 잔씩 마시기 때문이다. 그래서 차와 커피 등의 식비, 연극과 영화 등의 문화 생활비가 가장 많이 나간다. 식비와 문화 생활비를 줄이기 위해서 커피는 일주일에 세 번, 영화는 한 달에 한 번으로 줄이는 노력을 하고 있다.

3 / 에너지 절약 방법

에너지 절약 방법

절약이란 낭비되는 돈을 모아서 꼭 필요한 곳에 쓰는 것을 말합니다. 사람들의 소비생활을 볼 때 일상생활에서 생각 없이 써서 새어 나가는 돈이 많습니다. 작은 돈이라고 결코 가볍게 생각하면 안 될 것입니다. 생활 속의 작은 절약 습관이 모여야 큰 절약이 되어 미래에 투자할 수 있습니다.

1. 가스 요금
조리시간을 줄이거나 요리에 따라 냄비를 잘 선택하면 에너지 낭비를 줄일 수 있습니다. 또한 겨울철에는 적정 온도와 습도를 유지하면서 차가운 바람이 들어오지 않게 창문에 에어캡을 붙이거나 이중커튼을 달아서 집 안에 새는 열을 막으면 에너지를 절약할 수 있습니다.

2. 전기 요금
전력이 큰 TV나 에어컨 등의 가전을 한번 더 확인하면 좋습니다. 예를 들어, 조명이나 컴퓨터 등 당장 사용하지 않는 제품의 플러그는 빼 둡니다. 그리고 냉장고의 경우 음식물을 가득 채우지 말고 60% 정도만 채우면 에너지를 절약할 수 있습니다.

3. 수도 요금
머리를 감거나 양치질 또는 설거지를 할 때 물을 틀어 놓는 습관부터 고치면 좋습니다. 수도꼭지에서 흐르는 물의 양은 1분에 12L라고 합니다. 따라서 양치를 하거나 설거지를 할 때 물을 잠그는 습관으로 에너지를 절약할 수 있습니다.

※ 나만의 에너지 절약 방법을 써 보세요.

1. _____

2. _____

어휘 더하기

※ 다음 문장에 들어갈 알맞은 단어를 써 보세요.

빼 두다 / 낭비하다 / 막다 / 새다

1. 에너지를 (　　　　　) 않으려면 가까운 거리는 걷거나 대중교통을 이용하는 것이 좋습니다.

2. 사용하지 않는 전자제품은 플러그를 (　　　　　) 전기 요금을 절약할 수 있습니다.

3. 에너지 낭비를 (　　　　　) 외출 시에는 전등을 끄고, 사용하지 않는 콘센트는 뽑는 습관이 필요합니다.

1. 다음을 읽고 단어를 활용하여 문장을 만들어 보세요.

> 나가기 전 / 사용하지 않는 전기 / 끄고 나가다

예 집에서

집에서 나가기 전에 사용하지 않는 전기는 끄고 나가야 한다.

> 세탁물 온도 / 찬물 / 에너지를 절약하다

1) 집에서

> 휴대용 전자제품 / 충전이 완료되다 / 플러그 / 빼다

2) 사무실에서

> 춥다 / 옷을 입다 / 실내 온도 / 적정하게 유지하다

3) 공공장소에서

---

1. 매달 많이 소비하는 에너지는 무엇입니까?
2. 그곳에 소비가 많은 이유는 무엇입니까?
3. 에너지를 절약하기 위한 방법에 어떤 것이 있습니까?

1. 매달 많이 소비하는 에너지는 무엇입니까?

_____에 지출이 많은 편이다.

쓸 Tip 매달 많이 소비하는 에너지를 생각하여 쓰는 것이 좋습니다. '~에 에너지를 많이 쓴다.', '~에 에너지를 많이 사용한다.', '~에 많이 나간다.' 등의 표현도 쓸 수 있습니다.

예시답안 매달 전기세에 지출이 많은 편이다.

2. 그곳에 소비가 많은 이유는 무엇입니까?

_____ 때문이다.

쓸 Tip 생활비 중에서 지출이 큰 항목의 이유를 생각하여 쓰는 것이 좋습니다. '왜냐하면 ~기 때문이다.'라는 표현도 쓸 수 있습니다.

예시답안 더위와 추위를 많이 타서 여름과 겨울에 에어컨과 보일러를 끊임없이 틀기 때문이다.

3. 에너지를 절약하기 위한 방법에 어떤 것이 있습니까?

_____을/를 절약하기 위해 _____.

예를 들어, _____.

쓸 Tip 에너지를 절약하기 위한 방법에 대해 구체적인 예를 들며 자세히 쓰는 것이 좋습니다.

예시답안 전기세를 절약하기 위해 전기를 아끼려고 한다. 예를 들어, 불필요한 전등은 끄고, 에너지 효율이 높은 가전제품을 사용하려고 한다. 그리고 여름에는 옷을 시원하게 입고, 겨울에는 옷을 따뜻하게 입으면서 에어컨과 보일러를 조금만 틀려고 한다.

※ 다음 내용을 포함하여 '에너지 절약 방법'이라는 제목으로 글을 쓰시오.

- 매달 많이 소비하는 에너지는 무엇입니까?
- 에너지를 절약하기 위한 방법에 어떤 것이 있습니까?

(단, 답안지에 제목은 생략하고 <u>본문만</u> 쓰세요.)

🔎 **다시 확인하기**

☑ 하나의 글에 2가지 질문에 대한 답이 모두 들어가야 합니다.

☑ 2가지 질문에 대한 답이 자연스럽게 연결되어야 합니다.

☑ '-(으)ㄴ/는다, -(이)다'의 문어체로 글을 작성해야 합니다.

☑ 글을 쓰기 전에 자기 나라 말로 한번 생각해 본 후 글을 쓰는 것도 좋은 방법입니다.

☑ 글을 쓸 때 자신이 쓴 문장이 자연스러운지, 맞춤법은 맞게 썼는지 다시 읽어봐야 합니다.

	생	활	비		중		가	장		많	이		지	출	하	는		곳	은
전	기	세	이	다	.		에	어	컨	과		보	일	러	를		많	이		틀
기		때	문	이	다	.		전	기	세	를		절	약	하	기		위	해	
불	필	요	한		전	등	은		끄	고	,	에	너	지		효	율	이		
높	은		가	전	제	품	을		사	용	하	려	고		한	다	.			

아래와 같이 다른 답안도 쓸 수 있어요!

매달 난방이나 냉방에 많은 에너지를 소비한다. 그래서 에너지를 절약하기 위해 여름에는 창문을 열어 환기를 자주 시키고, 겨울에는 옷을 두껍게 입어 온도를 적절하게 조절하고 있다.

※ 다음 내용을 포함하여 '에너지 절약 방법'이라는 제목으로 글을 쓰시오.

- 매달 많이 소비하는 에너지는 무엇입니까?
- 그곳에 소비가 많은 이유는 무엇입니까?
- 에너지를 절약하기 위한 방법에 어떤 것이 있습니까?

(단, 답안지에 제목은 생략하고 <u>본문만</u> 쓰세요.)

ㅣ다시 확인하기

- ☑ 하나의 글에 3가지 질문에 대한 답이 모두 들어가야 합니다.
- ☑ 3가지 질문에 대한 답이 자연스럽게 연결되어야 합니다.
- ☑ '-(으)ㄴ/는다, -(이)다'의 문어체로 글을 작성해야 합니다.
- ☑ 글을 쓰기 전에 자기 나라 말로 한번 생각해 본 후 글을 쓰는 것도 좋은 방법입니다.
- ☑ 글을 쓸 때 자신이 쓴 문장이 자연스러운지, 맞춤법은 맞게 썼는지 다시 읽어봐야 합니다.

매달 전기세에 많이 지출하는 편이다. 더위와 추위를 많이 타서 여름과 겨울에 에어컨과 보일러를 끊임없이 틀기 때문이다. 이제는 전기세를 절약하기 위해 전기를 아끼려고 한다. 예를 들어, 불필요한 전등은 끄고, 에너지 효율이 높은 가전제품을 사용하려고 한다. 그리고 여름에는 옷을 시원하게 입고, 겨울에는 옷을 따뜻하게 입으면서 에어컨과 보일러를 조금만 틀려고 한다.

아래와 같이 다른 답안도 쓸 수 있어요!

매달 난방이나 냉방에 많은 에너지를 소비한다. 나는 날씨의 영향을 많이 받아서 더위와 추위를 많이 타기 때문에 냉난방 에너지 소비가 많다. 그래서 에너지를 절약하기 위해 여름에는 시원한 물을 자주 마시고, 창문을 열어 환기를 하고 있으며, 겨울에는 창문 사이로 바람이 들어오지 않게 단열을 해 두고, 옷을 두껍게 입어 온도를 적절하게 조절하는 방법을 이용하고 있다.

4 시장경제체제

경제체제의 종류

경제체제란 한 나라의 경제 제도나 경제생활 모습을 말합니다. 오늘날의 대표적인 경제체제에는 시장경제체제와 계획경제체제가 있으며 각 체제의 특징은 다음과 같습니다.

시장경제체제는 개인이 재산을 가질 수 있고, 개인이 열심히 일한 만큼 돈을 받아 재산을 늘릴 수 있습니다. 이때 국가가 아무 구속을 하지 않는, 자유로운 경쟁을 할 수 있다는 특징이 있습니다. 시장경제체제는 개인의 자유로운 이익 추구를 인정하기 때문에 많은 이익을 얻기 위해 활발한 경쟁이 이루어지고, 경쟁에서 이기기 위해 보다 적은 비용으로 많은 생산을 하려고 노력합니다. 이러한 노력은 사회 전체에 효율적인 생산 증가를 가져와 풍족한 생활을 가능하게 하지만 심한 빈부 격차*를 발생시키는 등의 문제가 발생하기도 합니다.

반면에 계획경제체제는 개인이 재산을 가질 수 없습니다. 모든 경제 활동이 나라의 계획과 통제에 의해 이루어지기 때문입니다. 누구에게나 똑같이 공평하게 나누어 주는 것을 기본으로 하는 계획경제체제는 생산 수단을 공유하는 사회주의와 결합하여 소득의 불평등 완화*를 목표로 합니다. 그러나 국민에게 필요한 것을 적절하게 공급하기 어렵고, 일한 만큼 받는 것이 아니기 때문에 사람들이 일을 하려는 의지가 떨어지기도 합니다.

많은 나라가 시장경제체제를 따르지만 시장경제체제에서 시장의 가격 기능으로 해결할 수 없는 경제 문제도 있기 때문에 적절한 정부의 개입을 필요로 합니다. 따라서 오늘날 대부분의 나라에서는 시장경제체제를 바탕으로 하여 정부가 어느 정도 개입하는 혼합경제체제를 운영하고 있습니다.

* 빈부 격차: 가난함과 부유함의 차이
* 완화: 긴장된 상태나 매우 급한 것을 느슨하게 함

※ 여러분의 나라에서 운영되는 경제체제와 그 특징을 써 보세요.

_____

_____

_____

※ 다음 문장에 들어갈 알맞은 단어를 써 보세요.

공평한 분배 / 경제 발전 / 통제 / 경제 활동

구분	시장경제체제	계획경제체제
의미	개인이 자유롭게 (㉠)을/를 할 수 있는 체제	국가의 계획으로 경제가 운영되는 체제
정부의 역할	개인의 자유로운 경제 활동을 위한 구조 마련	생산, 임금, 수출 등 국가가 모든 경제 활동을 (㉢)
장점	공정한 경쟁으로 (㉡)	(㉣)
단점	기업들 간 과도한 경쟁으로 피해 발생	효율성 감소 및 정치적 요소 개입

1. 다음을 읽고 질문에 대한 답을 써 보세요.

> 모든 사회는 "무엇을 생산할 것인가?", "어떻게 생산할 것인가?", "누구를 위해 생산할 것인가?"라는 3가지 문제에 맞닥뜨리게 된다. 그리고 이 3가지를 풀어나가는 제도나 방식을 '경제체제'라고 한다.
>
> 현대의 경제체제는 분배 방식에 따라 '시장경제체제'와 '계획경제체제'로 분류할 수 있으며, 소유 형태에 따라 '자본주의'와 '사회주의'로 구분할 수도 있다.
>
> 분배 방식에 따르면, 시장경제체제는 자유로운 의사 결정과 경쟁을 통해 자원의 분배를 결정하는 방식이고, 계획경제체제는 정부의 계획에 따라 생산 자원의 배분을 결정하는 방식이다. 소유 형태에 따르면, 자본주의는 사적 이윤 추구 활동과 사유재산제를 보장하는 방식이고, 사회주의는 생산 수단을 개인이 아닌 사회가 소유하는 방식이다.

1) 시장경제체제와 자본주의의 공통적인 특징에는 무엇이 있습니까?

_____

_____

2) 계획경제체제와 사회주의의 공통적인 특징에는 무엇이 있습니까?

_____

_____

> 1. 시장경제체제란 무엇입니까?
> 2. 그 체제의 장점은 무엇입니까?
> 3. 그 체제의 단점은 무엇입니까?

1. 시장경제체제란 무엇입니까?

시장경제체제는 _____.

쓸 Tip 개인이 스스로 선택하는 방식인 시장경제체제에 대해 미리 알아두면 좋습니다.

예시답안 시장경제체제는 생산과 소비가 시장의 수요와 공급에 의해 결정되는 경제 시스템이다.

2. 그 체제의 장점은 무엇입니까?

_____는 장점이 있다.

쓸 Tip 여러분이 알고 있는 시장경제체제의 장점에 대해 생각하여 쓰는 것이 좋습니다. '〜이/가 장점이다.' 또는 '〜(이)라는/(ㄴ/는)다는 장점이 있다.'라는 표현을 사용하거나 장점의 특징만 나타내도 괜찮습니다.

예시답안 이 체제는 개인의 경제적 자유와 효율적인 자원 배분을 통해 경제 성장과 창의성을 향상시킬 수 있다는 장점이 있다.

3. 그 체제의 단점은 무엇입니까?

_____는 단점이 있다.

쓸 Tip 여러분이 알고 있는 시장경제체제의 단점에 대해 생각하여 쓰는 것이 좋습니다. '〜이/가 단점이다.' 또는 '〜(이)라는/(ㄴ/는)다는 단점이 있다.'라는 표현을 사용하거나 단점의 특징만 나타내도 괜찮습니다.

예시답안 소득의 불균형으로 빈부 격차가 커질 수 있고, 일부 기업이나 개인이 과도한 힘을 가지면 사회적 불평등과 자원의 불균형을 일으킬 위험이 있다는 단점이 있다.

중간평가 원고지 쓰기

※ **다음 내용을 포함하여 '시장경제체제'라는 제목으로 글을 쓰시오.**

- 시장경제체제란 무엇입니까?
- 그 체제의 특징은 무엇입니까?

(단, 답안지에 제목은 생략하고 <u>본문만 쓰세요</u>.)

🔎 다시 확인하기

☑ 하나의 글에 2가지 질문에 대한 답이 모두 들어가야 합니다.

☑ 2가지 질문에 대한 답이 자연스럽게 연결되어야 합니다.

☑ '–(으)ㄴ/는다, –(이)다'의 문어체로 글을 작성해야 합니다.

☑ 글을 쓰기 전에 자기 나라 말로 한번 생각해 본 후 글을 쓰는 것도 좋은 방법입니다.

☑ 글을 쓸 때 자신이 쓴 문장이 자연스러운지, 맞춤법은 맞게 썼는지 다시 읽어봐야 합니다.

	시	장	경	제	체	제	는		정	부	의		개	입	을		최	소	화
시	키	고	,	시	장	의		원	리	에		따	라		경	제	가		운
영	되	는		시	스	템	이	다	.	이	러	한		시	스	템	은		개
인	과		기	업	이		자	유	로	운		경	쟁	과		선	택	을	
할		수		있	다	는		특	징	이		있	다	.					

아래와 같이 다른 답안도 쓸 수 있어요!

시장경제체제는 생산과 소비가 정부의 개입 없이 시장의 수요와 공급에 의해 이루어지는 경제 시스템이다. 이 체제는 개인의 자유로운 경제 활동을 보장한다는 특징이 있다.

※ 다음 내용을 포함하여 '시장경제체제'라는 제목으로 글을 쓰시오.

- 시장경제체제란 무엇입니까?
- 그 체제의 장점은 무엇입니까?
- 그 체제의 단점은 무엇입니까?

(단, 답안지에 제목은 생략하고 <u>본문만</u> 쓰세요.)

다시 확인하기

- ☑ 하나의 글에 3가지 질문에 대한 답이 모두 들어가야 합니다.
- ☑ 3가지 질문에 대한 답이 자연스럽게 연결되어야 합니다.
- ☑ '-(으)ㄴ/는다, -(이)다'의 문어체로 글을 작성해야 합니다.
- ☑ 글을 쓰기 전에 자기 나라 말로 한번 생각해 본 후 글을 쓰는 것도 좋은 방법입니다.
- ☑ 글을 쓸 때 자신이 쓴 문장이 자연스러운지, 맞춤법은 맞게 썼는지 다시 읽어봐야 합니다.

	시	장	경	제	체	제	는		생	산	과		소	비	가		시	장	의
수	요	와		공	급	에		의	해		결	정	되	는		경	제		시
스	템	이	다	.	이		체	제	는		개	인	의		경	제	적		자
유	와		효	율	적	인		자	원		배	분	을		통	해		경	제
성	장	과		창	의	성	을		향	상	시	킬		수		있	다	는	
장	점	이		있	다	.	그	러	나		소	득	의		불	균	형	으	로
빈	부		격	차	가		커	질		수		있	고	,	일	부		기	업
이	나		개	인	이		과	도	한		힘	을		가	지	면		사	회
적		불	평	등	과		자	원	의		불	균	형	을		일	으	킬	
위	험	이		있	다	는		단	점	도		있	다	.					

아래와 같이 다른 답안도 쓸 수 있어요!

시장경제체제는 개인의 자유로운 경제 활동을 보장하며, 기업은 이윤을 추구하기 위해 경쟁한다. 이로 인해 소비자는 다양한 상품과 서비스를 선택할 수 있고, 자원을 효율적으로 배분할 수 있다는 장점이 있다. 그러나 소득의 차이로 경제적 불평등이 심해질 수 있다. 그리고 환경오염과 자원 고갈 등으로 공공재가 부족해지면 시장이 자원을 효율적으로 배분하지 못하게 될 수도 있다.

노후 자산 관리의 중요성

과학 기술의 발전으로 인간의 평균 수명이 늘어나면서 노후 자산 관리가 중요해졌습니다. 생산 활동을 활발하게 하는 시기는 청년층과 장년층 시기뿐이지만 소비 활동은 평생에 걸쳐 이루어지기 때문에 소득이 많은 시기에 수입과 지출을 잘 관리해야 노후를 안정적으로 보낼 수 있습니다. 그렇기 때문에 체계적인 자산 관리와 노후 준비는 꼭 필요합니다.

자산 관리는 방법이 다양해서 투자하는 목적과 기간, 수익 등을 개인이 잘 판단하고 고려해야 합니다. 자산 관리의 종류에는 여러 가지가 있습니다. 먼저 은행을 통해 돈을 모으는 저축이 있습니다. 저축은 크게 예금과 적금으로 나눌 수 있습니다. 예금은 일정한 돈을 은행에 맡겨 두고 나중에 원금과 이자를 받는 방식입니다. 적금은 일정 금액을 일정 기간 납입하여 기간이 끝나면 원금과 이자를 받는 방식입니다.

그리고 주식, 채권, 펀드가 있습니다. 주식은 주주*가 되는 투자 방법입니다. 회사가 수익을 얻으면 주주는 배당금*을 받을 수 있지만 회사의 실적이 좋지 않으면 투자한 금액을 잃을 수 있습니다. 채권은 국가, 은행, 회사 등이 국민으로부터 돈을 빌리고 일정 기간 동안 이자를 제공하고 원금을 갚겠다고 약속한 증서*입니다. 채권 역시 회사가 파산*하면 원금을 받지 못할 위험이 있으나 상대적으로 주식보다는 안전한 편입니다. 끝으로 펀드가 있습니다. 펀드는 투자금을 전문적인 운용기관에 맡겨서 간접적으로 투자하는 상품을 말합니다.

마지막으로 보험이 있습니다. 보험은 평소 정해진 보험료를 미리 냄으로써 미래에 닥칠 수 있는 위험에 대비할 수 있게 합니다. 그리고 사고를 당했을 때 보험금을 받아 해결하여 안정적인 생활을 유지할 수 있습니다.

* 주주: 주식을 가지고 회사 경영에 직접 또는 간접으로 참여하는 사람이나 회사
* 배당금: 기준에 따라 금액을 정하여 나누어 주는 돈
* 증서: 권리, 의무, 사실 등을 증명하는 문서
* 파산: 재산을 모두 잃고 망함

※ 여러분 나라에서는 노후를 어떻게 준비하는지 써 보세요.

_____

_____

_____

어휘 더하기

※ 다음 문장에 들어갈 알맞은 단어를 써 보세요.

금리 / 이자 / 자산 / 노후

돈을 빌리거나 빌려주었을 때 그 돈에 대해 지급하는 이자율을 (㉠   )(이)라고 합니다. (㉠   )와/과 (㉡   )에 차이가 발생하는 이유는 각 은행마다 신용 평가 시 소득 수준, 직업 안정성, 부채 비율 등에 따라 리스크 허용 정도가 다르기 때문입니다. 이로 인해 같은 신용도를 가진 고객도 은행에 따라 다른 결과가 나올 수 있습니다. 하지만 어떠한 결과가 나오든 안정적으로 자산을 잘 지키고 유지할 수 있는 안정성, 투자로 수익을 달성해야 하는 수익성, 언제든지 원하는 때에 필요한 돈을 찾을 수 있는 유동성의 원칙으로 자산을 관리하다 보면 보다 현명한 (㉣   )을/를 준비할 수 있을 것입니다.

1. 다음을 읽고 질문에 대한 답을 써 보세요.

> 2025년 기준, 65세 이상 인구가 차지하는 비중이 20%가 넘어 대한민국도 초고령화 사회에 진입했다. 이는 노후 대비가 필수적이라는 뜻이기도 하다. 노후를 대비하기 위한 방법으로 연금이 있다. 국민연금은 정부가 운용하는 공적연금이다. 주택연금은 주택을 담보로 맡기고, 노후 생활자금을 받을 수 있는 연금이다. 또 개인 연금보험에 가입하는 방법도 있다.

1) 위의 기사는 무엇에 대한 기사입니까?

_____

2) 대한민국의 연금 종류에는 무엇이 있습니까?

대한민국 연금에는 _____, _____, _____ 등이 있다.

2. 다음을 읽고 단어를 활용하여 문장을 만들어 보세요.

> 추석 / 음력 8월 15일 → <u>추석은 음력 8월 15일입니다.</u>

1) 평균 수명 / 노후 자산 관리 → _____

2) 적금 / 일정 금액 / 일정 기간 / 납입 → _____

3) 주식 / 수익 / 배당금 → _____

4) 보험 / 미래 / 위험에 대비하다 → _____

1. 소득이 있을 때 그것을 잘 관리해야 하는 이유는 무엇입니까?
2. 여러분은 소득을 어떻게 관리하고 있습니까?
3. 자신에게 필요한 노후 대비 방법은 무엇입니까?

1. 소득이 있을 때 그것을 잘 관리해야 하는 이유는 무엇입니까?

소득을 잘 관리해야 하는 이유는 _____기 위해서이다.

쓸 Tip 젊었을 때 돈을 잘 관리해야 하는 이유에 대해 정리하여 쓰는 것이 좋습니다. '~기 때문이다.'라는 표현도 쓸 수 있습니다.

예시답안 소득을 잘 관리해야 하는 이유는 나이가 들어 수입이 없을 때를 대비하기 위해서이다.

2. 여러분은 소득을 어떻게 관리하고 있습니까?

소득을 잘 관리하기 위해(서) _____.

쓸 Tip 돈을 관리하는 나만의 방법을 생각하여 쓰는 것이 좋습니다. '~고 있다.'라는 표현도 쓸 수 있습니다.

예시답안 소득을 관리하기 위해 예산을 세우고 지출을 기록하면서 불필요한 소비를 하지 않으려고 한다.

3. 자신에게 필요한 노후 대비 방법은 무엇입니까?

_____.

_____ 도움이 될 것이다.

쓸 Tip 돈을 잘 모아서 미래에 사용할 수 있으려면 돈 관리를 어떻게 해야 하는지 생각하여 쓰는 것이 좋습니다.

예시답안 일정 금액을 저축하고 투자에 대한 공부도 하고 있다. 얼마 전에는 연금 상품도 가입했다. 연금 상품은 나이가 들었을 때 지속적으로 연금을 받을 수 있어 노후 경제에 도움이 될 것이다.

※ 다음 내용을 포함하여 '자산 관리와 노후 준비'라는 제목으로 글을 쓰시오.

> • 소득이 있을 때 그것을 잘 관리해야 하는 이유는 무엇입니까?
>
> • 여러분은 소득을 어떻게 관리하고 있습니까?

(단, 답안지에 제목은 생략하고 <u>본문만 쓰세요.</u>)

🔎 다시 확인하기

- ☑ 하나의 글에 2가지 질문에 대한 답이 모두 들어가야 합니다.
- ☑ 2가지 질문에 대한 답이 자연스럽게 연결되어야 합니다.
- ☑ '–(으)ㄴ/는다, –(이)다'의 문어체로 글을 작성해야 합니다.
- ☑ 글을 쓰기 전에 자기 나라 말로 한번 생각해 본 후 글을 쓰는 것도 좋은 방법입니다.
- ☑ 글을 쓸 때 자신이 쓴 문장이 자연스러운지, 맞춤법은 맞게 썼는지 다시 읽어봐야 합니다.

	소	득	을		잘		관	리	해	야		하	는		이	유	는		나
이	가		들	어		수	입	이		없	을		때	를		대	비	하	기
위	해	서	이	다	.		나	는		소	득	을		관	리	하	기		위	해
예	산	을		세	우	고		지	출	을		기	록	하	면	서		불	필
요	한		소	비	를		하	지		않	으	려	고		한	다	.		

아래와 같이 다른 답안도 쓸 수 있어요!

나중에 나이가 들면 일을 하고 싶어도 할 수 없기 때문에 소득이 있을 때 잘 관리하여 안정적인 노후를 준비해야 한다. 현재 나는 은행에 예금과 적금을 들면서 돈을 모으고 있다.

※ 다음 내용을 포함하여 '자산 관리와 노후 준비'라는 제목으로 글을 쓰시오.

- 소득이 있을 때 그것을 잘 관리해야 하는 이유는 무엇입니까?
- 여러분은 소득을 어떻게 관리하고 있습니까?
- 자신에게 필요한 노후 대비 방법은 무엇입니까?

(단, 답안지에 제목은 생략하고 <u>본문만 쓰세요.</u>)

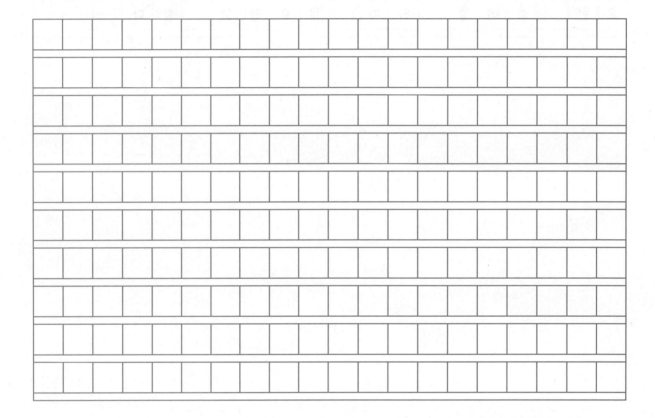

🔍 **다시 확인하기**

- ☑ 하나의 글에 3가지 질문에 대한 답이 모두 들어가야 합니다.
- ☑ 3가지 질문에 대한 답이 자연스럽게 연결되어야 합니다.
- ☑ '-(으)ㄴ/는다, -(이)다'의 문어체로 글을 작성해야 합니다.
- ☑ 글을 쓰기 전에 자기 나라 말로 한번 생각해 본 후 글을 쓰는 것도 좋은 방법입니다.
- ☑ 글을 쓸 때 자신이 쓴 문장이 자연스러운지, 맞춤법은 맞게 썼는지 다시 읽어봐야 합니다.

	소	득	을		잘		관	리	해	야		하	는		이	유	는		나
이	가		들	어		수	입	이		없	을		때	를		대	비	하	기
위	해	서	이	다	.		나	는		소	득	을		관	리	하	기		위	해
예	산	을		세	우	고		지	출	을		기	록	하	면	서		불	필
요	한		소	비	를		하	지		않	으	려	고		한	다	.		일	정
금	액	을		저	축	하	고		투	자	에		대	한		공	부	도	
하	고		있	다	.	얼	마		전	에	는		연	금		상	품	도	
가	입	했	다	.		연	금		상	품	은		나	이	가		들	었	을
때		지	속	적	으	로		연	금	을		받	을		수		있	어	
노	후		경	제	에		도	움	이		될		것	이	다	.			

아래와 같이 다른 답안도 쓸 수 있어요!

나이가 들면 신체 기능이 떨어져 일을 하고 싶어도 할 수 없기 때문에 현재 소득을 잘 관리하여 안정적인 노후를 준비해야 한다. 그래서 나는 은행에 예금과 적금을 들면서 돈을 조금씩 모으고 있다. 그리고 최근에는 노후를 대비하기 위하여 연금 보험에 가입했다. 보험에 가입하여 미래의 나에게 어려움이 생겼을 때 보험금을 받을 수 있도록 대비하고 있다.

산업화와 도시화로 점차 지구의 환경은 나빠지고 있습니다. 북극에는 얼음이 녹고, 작은 섬들은 물에 잠기기 시작했으며, 세계 곳곳에는 각종 질병과 재난들이 발생하고 있습니다. 우리는 자연과 동식물들을 지키기 위해, 그리고 미래에 인간들이 더욱 건강하게 살 수 있도록 환경을 보호해야 합니다. 환경을 보호할 수 있는 방법은 다양합니다. 사회통합프로그램 작문형 문제에서는 지구 온난화와 환경오염 그리고 재활용품 분리배출에 관련된 문제가 종종 출제되고 있습니다. 환경 보호에 어떤 문제가 나오는지 함께 알아볼까요?

1 쓰레기 분리배출

한국의 쓰레기 분리배출

한국에서는 쓰레기를 분리배출합니다. 재활용되지 않는 일반 쓰레기는 종량제 봉투에 넣어서 버리고, 다시 쓸 수 있는 비닐, 플라스틱, 캔, 유리, 종이 등은 분리수거함에 분리배출하여 버립니다. 그리고 음식물 쓰레기는 음식물 쓰레기봉투에 넣어서 버리거나 음식물 쓰레기 종량기에 버립니다.

매년 전 세계적으로 나오고 있는 많은 양의 쓰레기는 이상 기후를 일으켜 때로는 가뭄, 때로는 폭우 등의 기후 변화가 일어납니다. 또는 쓰레기가 하수구를 막아 도로가 침수*되기도 합니다. 이러한 쓰레기는 기후 위기와 환경오염뿐만 아니라 인간의 건강 문제에도 나쁜 영향을 줍니다. 미래에도 깨끗한 사회에서 맑은 공기와 깨끗한 물을 마시기 위해서는 쓰레기 분리배출을 더 꼼꼼하게 실행해야 할 것입니다. 그리고 국가와 기업 차원에서 일회용품 사용을 줄여 이산화탄소 등의 온실가스를 줄이려는 노력을 해야 합니다. 예를 들어 재활용이 어려운 플라스틱의 사용은 금지하거나 재사용 및 리필(refill) 시스템을 만드는 등의 해결 방법이 필요합니다.

하지만 국가와 기업의 노력만으로는 한계가 있으며 결국 개인이 함께 실천해야 합니다. 우리 각자가 쓰레기양을 줄이고, 분리배출에 적극적으로 참여하면 지구 환경을 지키는 데 조금이나마 도움이 될 수 있습니다.

* 침수: 물에 잠김

※ 쓰레기를 분리배출하는 이유는 무엇입니까?

어휘 더하기

※ 다음 그림을 보고 각 단계에서 해야 할 일을 써 보세요.

1. 투명 페트병

(   ) → (   ) → (   )

2. 택배 상자 등 종이 박스

(   ) → (   )

3. 유리병

(   )   (   )

문장 만들기

1. 다음을 읽고 질문에 대한 답을 써 보세요.

> 떡볶이를 배달해서 먹은 A 씨가 음식물이 묻은 플라스틱 용기를 그대로 분리수거하려고 합니다. A 씨에게 어떻게 말해야 할까요?

> 1. 일반 쓰레기와 재활용 쓰레기의 차이점은 무엇입니까?
> 2. 여러분의 고향과 한국에서 쓰레기를 버리는 방식에는 어떤 차이점이 있습니까?
> 3. 만약 쓰레기를 분리배출하지 않으면 어떤 일이 발생합니까?

1. 일반 쓰레기와 재활용 쓰레기의 차이점은 무엇입니까?

일반 쓰레기는 _____고,

재활용 쓰레기는 _____.

쓸 Tip 일반 쓰레기는 무엇인지, 재활용 쓰레기는 무엇인지 구체적인 예를 들어 설명하는 것이 좋습니다.

예시답안 일반 쓰레기는 일회용품처럼 재활용이 불가능한 것을 의미하고, 재활용 쓰레기는 플라스틱, 유리, 종이, 캔과 같은 종류의 쓰레기를 새 제품으로 다시 만들 수 있는 것을 의미한다.

2. 여러분의 고향과 한국에서 쓰레기를 버리는 방식에는 어떤 차이점이 있습니까?

한국은 _____고 있지만

우리 고향에서는 _____.

쓸 Tip 한국에서는 쓰레기를 어떻게 버리는지, 여러분의 나라에서는 쓰레기를 어떻게 버리는지 각각 정리하여 쓰는 것이 좋습니다.

예시답안 한국은 쓰레기를 분리해서 배출하고 있지만 우리 고향에서는 대부분 그냥 땅에 묻거나 불에 태운다.

3. 만약 쓰레기를 분리배출하지 않으면 어떤 일이 발생합니까?

만약 쓰레기를 분리배출하지 않으면 _____고, _____

될 것이다.

쓸 Tip 쓰레기 분리배출을 하지 않을 시 발생하게 될 문제점에 대해 생각하여 쓰는 것이 좋습니다.

예시답안 만약 쓰레기를 분리배출하지 않으면 환경이 오염되고, 자원이 낭비될 것이다.

※ 다음 내용을 포함하여 '쓰레기 분리배출'이라는 제목으로 글을 쓰시오.

> • 일반 쓰레기와 재활용 쓰레기의 차이점은 무엇입니까?
>
> • 만약 쓰레기를 분리배출하지 않으면 어떤 일이 발생합니까?

(단, 답안지에 제목은 생략하고 <u>본문만 쓰세요</u>.)

🔍 다시 확인하기

☑ 하나의 글에 2가지 질문에 대한 답이 모두 들어가야 합니다.

☑ 2가지 질문에 대한 답이 자연스럽게 연결되어야 합니다.

☑ '-(으)ㄴ/는다, -(이)다'의 문어체로 글을 작성해야 합니다.

☑ 글을 쓰기 전에 자기 나라 말로 한번 생각해 본 후 글을 쓰는 것도 좋은 방법입니다.

☑ 글을 쓸 때 자신이 쓴 문장이 자연스러운지, 맞춤법은 맞게 썼는지 다시 읽어봐야 합니다.

	휴	지	나		치	킨		뼈		등	의		일	반		쓰	레	기	는
재	활	용	이		안		되	고		종	이	와		같	은		쓰	레	기
는		재	활	용	이		되	므	로		모	두		분	리	배	출	해	야
한	다	.	그	렇	지		않	으	면		자	원	이		낭	비	되	고	
환	경	오	염	이		심	해	질		수		있	다	.					

아래와 같이 다른 답안도 쓸 수 있어요!

한국에서 일반 쓰레기는 쓰레기봉투에 잘 담아서 버려야 하고 유리, 플라스틱, 캔 등은 분리수거를 해야 한다. 만약 분리배출을 하지 않으면 땅과 도로는 금방 쓰레기로 오염될 것이다.

※ 다음 내용을 포함하여 '쓰레기 분리배출'이라는 제목으로 글을 쓰시오.

- 일반 쓰레기와 재활용 쓰레기의 차이점은 무엇입니까?
- 여러분의 고향과 한국에서 쓰레기를 버리는 방식에는 어떤 차이점이 있습니까?
- 만약 쓰레기를 분리배출하지 않으면 어떤 일이 발생합니까?

(단, 답안지에 제목은 생략하고 <u>본문만 쓰세요</u>.)

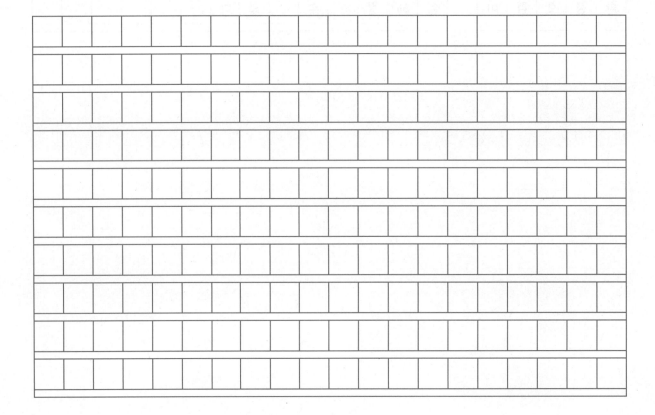

🔍 **다시 확인하기**

- ☑ 하나의 글에 3가지 질문에 대한 답이 모두 들어가야 합니다.
- ☑ 3가지 질문에 대한 답이 자연스럽게 연결되어야 합니다.
- ☑ '-(으)ㄴ/는다, -(이)다'의 문어체로 글을 작성해야 합니다.
- ☑ 글을 쓰기 전에 자기 나라 말로 한번 생각해 본 후 글을 쓰는 것도 좋은 방법입니다.
- ☑ 글을 쓸 때 자신이 쓴 문장이 자연스러운지, 맞춤법은 맞게 썼는지 다시 읽어봐야 합니다.

	일	반		쓰	레	기	는		스	티	커	가		달	라	붙	은		유
리	병	처	럼		재	활	용	이		불	가	능	한		것	을		의	미
하	고	,	재	활	용		쓰	레	기	는		플	라	스	틱	,	유	리	,
종	이	,	캔	과		같	은		종	류	의		쓰	레	기	를		새	
제	품	으	로		다	시		만	들		수		있	는		것	을		의
미	한	다	.		그	래	서		한	국	에	서	는		쓰	레	기	를	분
리	해	서		배	출	하	고		있	지	만		우	리		고	향	에	서
는		대	부	분		그	냥		땅	에		묻	거	나		불	에		태
운	다	.		이		방	법	은		편	리	하	지	만		환	경	이	오
염	되	고		자	원	이		낭	비	된	다	는		문	제	가		있	다 .

아래와 같이 다른 답안도 쓸 수 있어요!

다시 사용할 수 있으면 재활용 쓰레기이고, 그렇지 않으면 일반 쓰레기이다. 고향에서는 분리수거 없이 모든 쓰레기를 봉투에 담아 버리지만, 한국에서는 일반 쓰레기는 쓰레기봉투에 담아서 버려야 하고, 유리나 플라스틱 등은 분리수거를 해야 한다. 환경오염을 막기 위해 분리배출이 필요하다고 생각한다. 분리배출을 하지 않으면 땅과 도로는 금방 오염될 것이다.

2 / 환경 보호 실천 방법

환경을 보호하는 다양한 방법

'하나뿐인 지구'를 주제로 인류 최초로 세계적인 환경 회의가 열린 6월 5일을 기념하여, 매년 이날을 '세계 환경의 날'로 지정했습니다. 환경은 우리 모두가 보호해야 하지만 지구 온난화 등으로 환경오염이 점차 심각해지는 가운데, 우리는 일상에서 환경 보호를 실천하는 것이 중요해졌습니다. 각자가 환경을 보호하는 일은 생각보다 쉽고 간단한 습관에서 시작할 수 있습니다. 개인이 쉽고 간편하게 할 수 있는 환경 보호 실천 방법은 아래와 같습니다.

1. 제로웨이스트(Zero Waste)

개인이 쉽고 간편하게 환경을 보호할 수 있는 방법입니다. 제로웨이스트는 최대한 0(Zero)에 가깝게 쓰레기를 배출하는 활동입니다. 일상생활에서 쓰레기 발생을 줄이기 위한 모든 행동을 제로웨이스트라고 하는데 개인 빨대와 텀블러 사용하기, 장바구니 들고 다니기, 다회용기 사용하기 등의 활동이 이에 해당됩니다.

2. 플로깅(Plogging)

건강과 환경을 모두 생각하는 캠페인입니다. 플로깅은 조깅을 하며 쓰레기를 줍는 활동입니다. 해변이나 도심을 조깅하면서 쓰레기를 줍는 것에서 처음 시작되었다고 합니다. 북유럽에서 인기를 끈 플로깅은 2018년 무렵, 아시아와 아메리카로 퍼져 나가 이제는 전 세계적인 환경 보호 운동이 되었습니다.

3. 업사이클링(Upcycling)

업사이클링은 리사이클링(Recycling)의 더 높은 개념으로, 버려진 물건에 새로운 가치를 주어 새로운 제품으로 탄생시키는 활동입니다. 버려진 현수막을 가방이나 옷으로 만들거나 버려진 쓰레기를 활용하여 간단한 소품을 만들 수도 있습니다.

※ 내가 실천하고 있는(또는 실천하고 싶은) 환경 보호 방법에 대해 써 보세요.

_____

_____

_____

※ 다음 문장에 들어갈 알맞은 단어를 써 보세요.

감각공해 / 대기오염 / 수질오염 / 토양오염

1. (　　　　　): 인간의 활동으로 발생한 폐수가 강과 바다 등으로 흘러가 물이 오염되는 경우입니다.

2. (　　　　　): 공장의 매연이나 자동차의 배기가스 등 인간의 활동으로 공기가 오염되는 경우입니다.

3. (　　　　　): 쓰레기나 농약 등 환경에 나쁜 폐기물을 버리거나 산성비가 내려서 땅이 오염되는 경우입니다.

4. (　　　　　): 일상생활 속에서 미각 · 후각 · 시각 · 청각 등 인간의 감각을 통해 감지되는 공해입니다. 늦은 밤 전광판의 조명이나 층간소음, 쓰레기에서 풍기는 악취 등이 이에 해당됩니다.

1. 다음을 읽고 질문에 대한 답을 써 보세요.

> 환경을 지키는 행동으로 4R 활동이 있다. 4R이란 R로 시작하는 4가지 단어인데, 쓰레기를 줄이고(Reduce), 재사용하고(Reuse), 재활용하고(Recycle), 필요하지 않은 물건은 사지 않는 것(Refuse)을 말한다.

1) 쓰레기를 줄이는(Reduce) 활동에는 어떤 것이 있습니까?

_____

2) 물건을 재사용하는(Reuse) 활동에는 어떤 것이 있습니까?

_____

3) 물건을 재활용하는(Recycle) 활동에는 어떤 것이 있습니까?

_____

4) 어떻게 하면 필요하지 않은 물건을 사지 않을 수(Refuse) 있습니까?

_____

2. 다음을 읽고 단어를 활용하여 문장을 만들어 보세요.

> 추석 / 음력 8월 15일 → 추석은 음력 8월 15일입니다.

1) 매년 6월 5일 / 세계 환경의 날 → _____

2) 제로웨이스트 / 쓰레기 / 배출 → _____

3) 플로깅 / 조깅 / 쓰레기 → _____

4) 업사이클링 / 다시 사용할 수 있도록 하는 활동 → _____

1. 환경오염에는 어떤 종류가 있습니까?
2. 환경을 보호해야 하는 이유는 무엇입니까?
3. 환경을 보호하기 위하여 어떤 노력이 필요합니까?

1. 환경오염에는 어떤 종류가 있습니까?

환경오염에는 _____, _____ 등이 있다.

쓸 Tip 환경오염의 종류와 원인을 미리 정리해 두면 좋습니다.

예시답안 환경오염에는 공기 중 나쁜 물질로 인한 대기오염, 산업 폐수나 농약 등에 의한 수질오염, 석유나 중금속에 의한 토양오염 등이 있다.

2. 환경을 보호해야 하는 이유는 무엇입니까?

환경을 보호해야 하는 이유는 _____고, _____기 위해서이다.

쓸 Tip 환경을 보호해야 하는 여러 이유 중 가장 중요하다고 생각하는 이유를 생각하여 쓰는 것이 좋습니다. '~기 때문이다.'라는 표현도 쓸 수 있습니다.

예시답안 환경을 보호해야 하는 이유는 지구 생물을 보존하고, 기후 변화를 막기 위해서이다.

3. 환경을 보호하기 위하여 어떤 노력이 필요합니까?

_____ 등 환경을 보호하기 위해 노력해야 한다.

쓸 Tip 환경을 보호하기 위해 우리가 일상생활에서 실제로 실천할 수 있는 것을 생각하여 쓰는 것이 좋습니다.

예시답안 우리는 재활용을 실천하고 필요 없는 소비는 줄여 에너지와 자원을 절약하는 등 환경을 보호하기 위해 노력해야 한다.

중간평가 원고지 쓰기

※ 다음 내용을 포함하여 '환경 보호 실천 방법'이라는 제목으로 글을 쓰시오.

- 환경을 보호해야 하는 이유는 무엇입니까?
- 환경을 보호하기 위하여 어떤 노력이 필요합니까?

(단, 답안지에 제목은 생략하고 <u>본문만 쓰세요.</u>)

🔍 다시 확인하기

☑ 하나의 글에 2가지 질문에 대한 답이 모두 들어가야 합니다.

☑ 2가지 질문에 대한 답이 자연스럽게 연결되어야 합니다.

☑ '–(으)ㄴ/는다, –(이)다'의 문어체로 글을 작성해야 합니다.

☑ 글을 쓰기 전에 자기 나라 말로 한번 생각해 본 후 글을 쓰는 것도 좋은 방법입니다.

☑ 글을 쓸 때 자신이 쓴 문장이 자연스러운지, 맞춤법은 맞게 썼는지 다시 읽어봐야 합니다.

	환	경	을		보	호	해	야		하	는		이	유	는		지	구	에
서		인	간	을		포	함	한		다	양	한		생	물	이		안	전
하	게		살		수		있	게		하	기		위	해	서	이	다	.	따
라	서		환	경		보	호	를		위	해		쓰	레	기	를		줄	이
고		자	원	을		절	약	하	는		노	력	이		필	요	하	다	.

아래와 같이 다른 답안도 쓸 수 있어요!

환경이 오염되면 동식물이 살지 못하고 인간의 건강도 나빠질 수 있다. 환경을 보호하려면 분리수거하기, 일회용품 사용 줄이기, 가까운 거리는 걸어 다니기와 같은 노력이 필요하다.

※ 다음 내용을 포함하여 '환경 보호 실천 방법'이라는 제목으로 글을 쓰시오.

- 환경오염에는 어떤 종류가 있습니까?
- 환경을 보호해야 하는 이유는 무엇입니까?
- 환경을 보호하기 위하여 어떤 노력이 필요합니까?

(단, 답안지에 제목은 생략하고 <u>본문만 쓰세요</u>.)

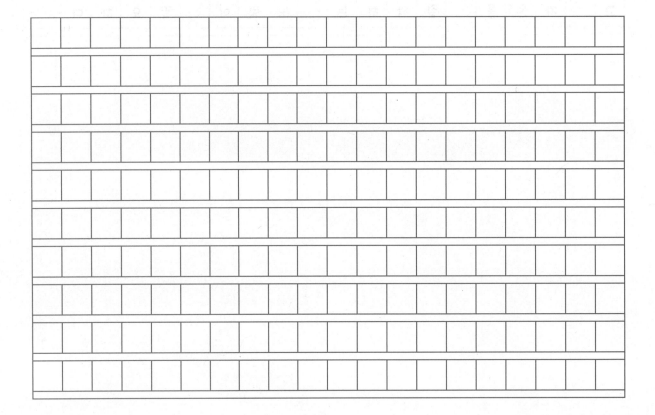

🔍 **다시 확인하기**

☑ 하나의 글에 3가지 질문에 대한 답이 모두 들어가야 합니다.

☑ 3가지 질문에 대한 답이 자연스럽게 연결되어야 합니다.

☑ '–(으)ㄴ/는다, –(이)다'의 문어체로 글을 작성해야 합니다.

☑ 글을 쓰기 전에 자기 나라 말로 한번 생각해 본 후 글을 쓰는 것도 좋은 방법입니다.

☑ 글을 쓸 때 자신이 쓴 문장이 자연스러운지, 맞춤법은 맞게 썼는지 다시 읽어봐야 합니다.

	환	경	오	염	에	는		공	기		중		나	쁜		물	질	로	
인	한		대	기	오	염	,	산	업		폐	수	나		농	약		등	에
의	한		수	질	오	염	,	석	유	나		중	금	속		등	에		의
한		토	양	오	염		등	이		있	다	.	이	러	한		오	염	을
막	고		환	경	을		보	호	해	야		하	는		이	유	는		지
구		생	물	을		보	존	하	고	,	기	후		변	화	를		막	기
위	해	서	이	다	.	따	라	서		우	리	는		재	활	용	을		실
천	하	고		필	요	없	는		소	비	는		줄	여		에	너	지
와		자	원	을		절	약	하	는		등		환	경	을		보	호	하
기		위	해		노	력	해	야		한	다	.							

아래와 같이 다른 답안도 쓸 수 있어요!

환경오염에는 수질오염, 대기오염, 공기오염 등 다양한 종류가 있다. 환경이 오염되면 동식물이 살지 못하고, 인간의 건강도 나빠질 수 있다. 환경을 깨끗하게 되돌리는 데에는 많은 돈과 시간이 든다. 무엇보다 분리수거하기, 일회용품 사용 줄이기, 가까운 거리는 걸어 다니기, 대중교통 이용하기, 대체 에너지 개발 등 정부와 개인의 노력이 모두 필요하다.

지구 온난화

지구 온난화는 지금 우리 눈앞에 놓인 현실이며, 인류 문명의 지속가능성을 위협하는 존재입니다. 기온 상승의 폭*이 점점 커지고 있으며, 변화의 속도는 우리가 예측했던 것보다 더욱 빨라지고 있습니다. 지구의 지속적인 온도 상승으로 해수면이 상승하거나 빙하가 녹고, 식물의 개화* 시기가 변화하는 등의 결과도 발생하고 있습니다.

이로 인해 극심한 폭염과 한파가 발생하고, 홍수와 가뭄, 태풍이 발생하는 등 자연재해가 나타나고 있습니다. 심각하게 변하는 날씨 탓에 동식물은 제대로 된 환경 속에서 살아갈 수 없어서 멸종되거나 죽고 있습니다. 즉 지구 온난화로 발생한 기후 변화가 생태계 파괴까지 이어지고 있는 것입니다.

지구 온난화를 막기 위해서는 정부와 개인의 노력이 필요합니다. 먼저 지구 온난화와 가장 깊은 관련이 있는 온실가스를 줄여야 합니다. 일상생활 속에서 온실가스를 줄이려면 자동차 대신 대중교통을 이용하거나 사용하지 않는 물과 전기는 끄면서 에너지 사용을 줄여야 합니다. 또 쓰레기를 처리하는 과정에도 많은 온실가스가 생기는데 이를 줄이기 위해 다시 쓸 수 있는 제품은 재활용하거나 폐기물이 많이 나오지 않도록 소비생활을 바꾸는 방향도 좋은 방법입니다.

* 폭: 어떤 일의 범위
* 개화: 풀이나 나무에 꽃이 핌

※ 지구 온난화가 발생하는 원인에는 무엇이 있는지 써 보세요.

_____

_____

_____

※ 다음 문장에 들어갈 알맞은 단어를 써 보세요.

자연재해 / 폭염 / 폭우 / 한파 / 지진

지구의 기온이 상승하는 지구 온난화 현상으로 몽골의 초원은 겨울마다 극심한 (㉠   )이/가 반복되고 있습니다. 그리고 아프리카의 사하라 사막에는 (㉡   )이/가 쏟아져 지형이 변화하고 있습니다. 유럽에서는 여름 기온이 50℃가 넘는 (㉢   )이/가 발생한 적도 있습니다. 이는 인간이 일으킨 환경오염의 결과로, 이러한 (㉣   )은/는 돌고 돌아 인간의 삶을 무너뜨리고 있는 셈입니다.

1. 다음을 읽고 빈칸에 들어갈 알맞은 말을 써 보세요.

> 지구 온난화는 지구의 기온이 상승하는 현상으로, 이는 우리 생활에 심각한 영향을 미치고 있다. 전문가들은 지구 온난화, 자연재해, 이상 기후의 원인이 환경오염 때문이라고 강조한다. 이러한 문제를 해결하기 위해서 정부의 노력도 필요하지만 개인의 노력이 반드시 필요하다. 예를 들어, 사용하지 않는 가전제품의 전기 코드는 반드시 뽑아야 하며, 물건은 버리기 전에 나누거나 기부를 생각하는 것이 좋다. 우리의 작은 행동들이 모여 환경을 보호하고 지속 가능한 미래를 만드는 데 기여할 수 있을 것이다.

지구 온난화의 원인은 (㉠   ). 지구 온난화가 심각해질수록 가뭄과 태풍 등의 자연재해가 발생하고, 생태계가 파괴되어 인간은 살 곳이 점점 없어진다. 따라서, 지구 온난화가 더욱더 심해지기 전에 (㉡   ). 사용하지 않는 전기는 끄고, 물도 절약해야 한다. 환경과 자연을 보호하고 아끼며, (㉢   ).

2. 다음을 읽고 단어를 활용하여 문장을 만들어 보세요.

> 추석 / 음력 8월 15일 → 추석은 음력 8월 15일입니다.

1) 기후 변화 / 지구 온난화 → _____

2) 지구 온난화 / 심각한 기상 현상 → _____

3) 지구 온난화 / 막다 / 온실가스 / 줄이다 → _____

4) 환경오염 / 대책 → _____

1. 지구 온난화가 발생하는 원인은 무엇입니까?
2. 지구 온난화의 문제점은 무엇입니까?
3. 지구를 보호하기 위하여 어떤 노력을 할 수 있습니까?

1. 지구 온난화가 발생하는 원인은 무엇입니까?

지구 온난화는 _____.

쓸 Tip 지구 온난화가 발생하는 이유에 대해 정리하여 쓰는 것이 좋습니다.

예시답안 지구 온난화는 온실가스가 지구를 덮어 지구의 온도가 올라가면서 발생한다.

2. 지구 온난화의 문제점은 무엇입니까?

지구 온난화로 _____ 문제가 나타나고 있다.

쓸 Tip 지구 온난화가 생기면 어떤 안 좋은 일들이 생기는지 정리하여 쓰는 것이 좋습니다.

예시답안 지구 온난화로 기후 변화, 해수면 상승, 생태계 파괴 등의 문제가 나타나고 있다.

3. 지구를 보호하기 위하여 어떤 노력을 할 수 있습니까?

지구를 보호하기 위해서(는) _____고, _____.
_____ 노력이 필요하다.

쓸 Tip 지구 온난화를 막고, 지구를 보호하기 위해 우리는 어떤 노력을 할 수 있을지 생각하여 쓰는 것이 좋습니다.

예시답안 지구를 보호하기 위해서는 산업시설에서 온실가스 사용량을 줄이고, 숲을 만들어 온실가스의 양을 줄이는 것이 중요하다. 또 사용하지 않는 에너지는 끄고, 에너지 효율이 높은 물건을 사용하며 에너지를 절약하는 노력이 필요하다.

※ 다음 내용을 포함하여 '지구 온난화'라는 제목으로 글을 쓰시오.

• 지구 온난화의 문제점은 무엇입니까?

• 지구를 보호하기 위하여 어떤 노력을 할 수 있습니까?

(단, 답안지에 제목은 생략하고 본문만 쓰세요.)

🔍 **다시 확인하기**

☑ 하나의 글에 2가지 질문에 대한 답이 모두 들어가야 합니다.

☑ 2가지 질문에 대한 답이 자연스럽게 연결되어야 합니다.

☑ '-(으)ㄴ/는다, -(이)다'의 문어체로 글을 작성해야 합니다.

☑ 글을 쓰기 전에 자기 나라 말로 한번 생각해 본 후 글을 쓰는 것도 좋은 방법입니다.

☑ 글을 쓸 때 자신이 쓴 문장이 자연스러운지, 맞춤법은 맞게 썼는지 다시 읽어봐야 합니다.

	지	구		온	난	화	가		심	해	지	면		자	주		가	뭄	이
들	거	나		홍	수	가		발	생	하	고		해	수	면	이		높	아
져		많	은		생	물	이		죽	게		된	다	.	따	라	서		지
구	를		보	호	하	기		위	해		나	무	를		많	이		심	고
친	환	경		교	통	수	단	을		이	용	해	야		한	다	.		

아래와 같이 다른 답안도 쓸 수 있어요!

지구 온난화가 발생하면 빙하가 녹고 해수면이 상승하여 많은 생물이 죽고, 자연재해가 잦아진다. 따라서 지구를 보호하기 위해 나무를 심고, 친환경 제품을 사용하는 노력이 필요하다.

※ 다음 내용을 포함하여 '지구 온난화'라는 제목으로 글을 쓰시오.

• 지구 온난화가 발생하는 원인은 무엇입니까?

• 지구 온난화의 문제점은 무엇입니까?

• 지구를 보호하기 위하여 어떤 노력을 할 수 있습니까?

(단, 답안지에 제목은 생략하고 <u>본문만 쓰세요</u>.)

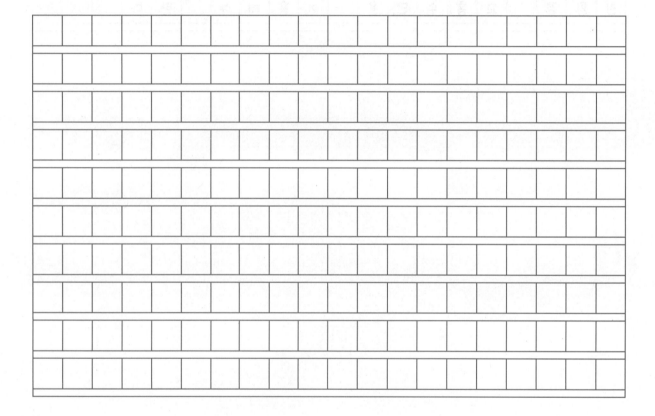

🔍 **다시 확인하기**

☑ 하나의 글에 3가지 질문에 대한 답이 모두 들어가야 합니다.

☑ 3가지 질문에 대한 답이 자연스럽게 연결되어야 합니다.

☑ '-(으)ㄴ/는다, -(이)다'의 문어체로 글을 작성해야 합니다.

☑ 글을 쓰기 전에 자기 나라 말로 한번 생각해 본 후 글을 쓰는 것도 좋은 방법입니다.

☑ 글을 쓸 때 자신이 쓴 문장이 자연스러운지, 맞춤법은 맞게 썼는지 다시 읽어봐야 합니다.

	지	구		온	난	화	는		온	실	가	스	가		지	구	를		덮
으	면	서		지	구	의		온	도	가		올	라	가	는		현	상	으
로		기	후	변	화	,	해	수	면		상	승	,	생	태	계		파
괴		등	의		문	제	를		나	타	나	게		한	다	.	지	구	를
보	호	하	기		위	해	서	는		산	업	시	설	에	서		온	실	가
스		사	용	량	을		줄	이	고	,		숲	을		만	들	어		온	실
가	스	의		양	을		줄	이	는		것	이		중	요	하	다	.	또
사	용	하	지		않	는		에	너	지	는		끄	고	,	에	너	지
효	율	이		높	은		물	건	을		사	용	하	며		에	너	지	를
절	약	하	는		노	력	이		필	요	하	다	.						

아래와 같이 다른 답안도 쓸 수 있어요!

공장과 자동차에서 나오는 나쁜 연기와 이산화탄소로 지구의 온도가 올라가면서 지구 온난화가 발생하고 있다. 지구 온난화가 심해지면 북극의 빙하가 녹고, 해수면이 상승하여 생물들이 죽고 여러 가지 자연재해를 일으킨다. 따라서 지구 온난화가 심각해지지 않도록 나무를 심고, 친환경 제품을 사용하며, 대체 에너지를 사용하는 등 지구를 보호하려는 노력이 필요하다.

4 쓰레기 종량제 봉투

한국의 쓰레기 종량제 제도

쓰레기 종량제란 쓰레기 배출량에 따라 수거 비용을 부담하는 제도입니다. 한국의 쓰레기 종량제 제도는 쓰레기가 발생한 지역에서 쓰레기를 처리하자는 원칙을 적용하여, 쓰레기 배출에 대한 가격의 개념을 도입하고자 1995년 1월 환경부에 의해 시작되었습니다. 그래서 각 가정이나 직장 등에서 쓰레기를 배출할 때마다 그 양에 알맞은 봉투를 구입하면서 일정한 금액의 돈을 내야 합니다.

이 제도가 시작되기 전에는 쓰레기를 아무 봉투에 담아서 버릴 수 있었는데 제도가 시행된 후부터는 마트나 슈퍼에서 종량제 봉투를 구매한 뒤 쓰레기를 담아서 정해진 구역에만 버려야 해 처음에는 국민들의 반발이 심했습니다. 그러나 쓰레기 종량제 제도를 실시한 이후, 서울시 기준 하루 1만 5,392톤에 달하던 쓰레기 배출량이 1만 톤 미만으로 급격하게 줄어들면서 큰 효과를 얻었습니다. 이 제도는 무분별*하게 버려지는 쓰레기의 양을 줄이고, 재활용을 할 수 있게 분리하는 효과가 있는 것입니다.

이처럼 쓰레기 종량제 봉투를 사용하면 일반 쓰레기와 재활용 쓰레기를 분리할 수 있어 자원 낭비를 막고, 환경오염을 줄이는 데 도움을 줍니다. 그리고 쓰레기를 처리하는 비용도 줄일 수 있습니다. 이처럼 종량제 봉투를 이용한 쓰레기 배출은 쾌적한 환경 조성에 적극 기여*하고 있습니다.

* 무분별: 분별할 줄 모르거나 분별이 없음
* 기여: 도움이 됨

※ 여러분의 나라에서 쓰레기를 버리는 방법에 대해 써 보세요.

일반 쓰레기	
음식물 쓰레기	
재활용 쓰레기	

※ 다음 문장에 들어갈 알맞은 단어를 써 보세요.

아무데나 버리지 말고 / 쓰레기봉투 / 음식물 쓰레기 종량제 봉투 / 재활용 쓰레기

1. (   )은/는 일반 쓰레기와 구분하여 캔, 종이, 플라스틱 등 분리수거해 버린다.

2. 음식물 쓰레기는 (   )에 넣어 버리거나 음식물 쓰레기 종량기에 버린다.

3. 깨진 유리 등 날카로운 물건은 신문지로 잘 감싸서 (   )에 버린다.

4. 지역 및 장소마다 정해진 장소가 있으니 (   ) 지정된 장소에 버린다.

1. 다음을 읽고 빈칸에 들어갈 알맞은 말을 써 보세요.

음식물 쓰레기 종량기는 가정이나 가게에서 생기는 음식물을 모아 처리할 수 있는 기계이다. 음식물 쓰레기 종량기는 음식물 쓰레기의 양을 조절하고 관리하는 데 효과적이다. 음식물을 기계에 넣으면 사용자가 얼마나 많은 쓰레기를 배출했는지 쉽게 확인할 수 있기 때문이다. 쓰레기의 양에 따라 요금을 부과하므로 돈을 아끼기 위해 음식물 쓰레기양을 적게 배출하면 경제적 이익도 얻고, 쓰레기양도 줄일 수 있다. 그리고 음식물 쓰레기 종량기를 사용하면 길거리에 음식물 쓰레기 등으로 인한 악취가 나지 않기 때문에 주변 환경을 깨끗하고 쾌적하게 지킬 수 있다.

음식물 쓰레기의 양을 측정하고 모아 처리할 수 있는 기계를 (㉠   ). 이는 자원의 재활용 향상을 위해 만들어졌다. (㉡   ) 발생하는 음식물 쓰레기의 양을 측정하여 그에 따라 요금을 부과한다. 쓰레기의 양에 따라 요금을 부과하면 (㉢   ).

> 1. 여러분의 고향에서는 쓰레기 종량제 봉투를 사용합니까?
> 2. 한국에서 쓰레기 종량제 봉투를 사용하는 이유는 무엇입니까?
> 3. 쓰레기 종량제 봉투를 사용하지 않는다면 어떤 문제점이 생깁니까?

1. 여러분의 고향에서는 쓰레기 종량제 봉투를 사용합니까?

고향에서는 _____.

쓸 Tip ┃ 여러분의 고향에서는 쓰레기를 어떻게 버리는지, 종량제 봉투를 사용하는지 등의 내용을 정리하여 쓰는 것이 좋습니다.

예시답안 ┃ 고향에서는 쓰레기 종량제 봉투가 따로 없고, 쓰레기 무게에 따라 돈을 낸다.

2. 한국에서 쓰레기 종량제 봉투를 사용하는 이유는 무엇입니까?

한국에서 쓰레기 종량제 봉투를 사용하는 이유는 _____기 위해서이다.

_____.

쓸 Tip ┃ 한국에서 쓰레기 종량제 봉투를 사용하는 이유에 대해 미리 알아두면 좋습니다. '~기 때문이다.'라는 표현도 쓸 수 있습니다.

예시답안 ┃ 한국에서 쓰레기 종량제 봉투를 사용하는 이유는 쓰레기 배출량을 줄이고, 자원 재활용을 늘리기 위해서이다. 또 환경을 보호하고 도시를 깨끗하게 유지할 수도 있다.

3. 쓰레기 종량제 봉투를 사용하지 않는다면 어떤 문제점이 생깁니까?

만약 종량제 봉투를 사용하지 않으면 _____.

쓸 Tip ┃ 쓰레기 종량제 봉투를 사용하지 않는다면 어떤 문제들이 발생할지 여러분의 생각을 정리하여 쓰는 것이 좋습니다.

예시답안 ┃ 만약 종량제 봉투를 사용하지 않으면 사람들이 쓰레기를 아무 데나 버리거나 재활용이 잘 되지 않아 환경이 오염되어 생태계가 파괴될 것이다.

※ 다음 내용을 포함하여 '쓰레기 종량제 봉투'라는 제목으로 글을 쓰시오.

- 한국에서 쓰레기 종량제 봉투를 사용하는 이유는 무엇입니까?
- 쓰레기 종량제 봉투를 사용하지 않는다면 어떤 문제점이 생깁니까?

(단, 답안지에 제목은 생략하고 <u>본문만 쓰세요</u>.)

🔍 **다시 확인하기**

☑ 하나의 글에 2가지 질문에 대한 답이 모두 들어가야 합니다.

☑ 2가지 질문에 대한 답이 자연스럽게 연결되어야 합니다.

☑ '-(으)ㄴ/는다, -(이)다'의 문어체로 글을 작성해야 합니다.

☑ 글을 쓰기 전에 자기 나라 말로 한번 생각해 본 후 글을 쓰는 것도 좋은 방법입니다.

☑ 글을 쓸 때 자신이 쓴 문장이 자연스러운지, 맞춤법은 맞게 썼는지 다시 읽어봐야 합니다.

한	국	에	서		종	량	제		봉	투	를		쓰	는		이	유	는
쓰	레	기	를		줄	이	고	,	자	원	을		재	활	용	하	기	위
해	서	이	다	.	만	약		그	렇	지		않	으	면		쓰	레	기	를
마	음	대	로		버	려	서		환	경	오	염	으	로		생	태	계	가
파	괴	되	고	,	자	연	재	해	가		발	생	할		것	이	다	.

아래와 같이 다른 답안도 쓸 수 있어요!

종량제 봉투를 사용하면 쓰레기의 양을 조절할 수 있어 쓰레기를 줄일 수 있다. 종량제 봉투를 사용하지 않는다면 쓰레기의 양이 많아져, 쓰레기 처리를 위해 많은 비용이 발생할 것이다.

※ 다음 내용을 포함하여 '쓰레기 종량제 봉투'라는 제목으로 글을 쓰시오.

- 여러분의 고향에서는 쓰레기 종량제 봉투를 사용합니까?
- 한국에서 쓰레기 종량제 봉투를 사용하는 이유는 무엇입니까?
- 쓰레기 종량제 봉투를 사용하지 않는다면 어떤 문제점이 생깁니까?

(단, 답안지에 제목은 생략하고 <u>본문만 쓰세요.</u>)

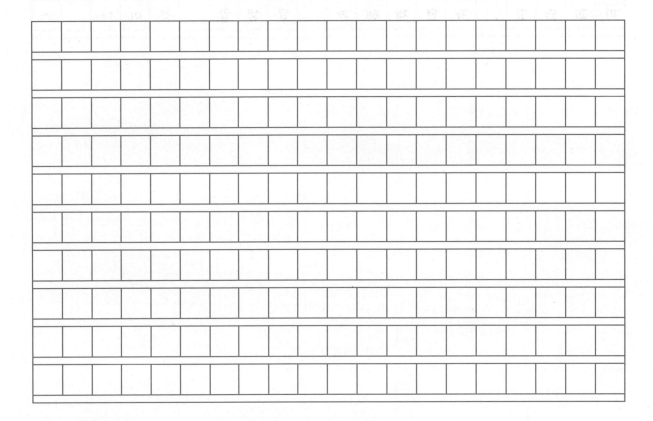

🔍 **다시 확인하기**

☑ 하나의 글에 3가지 질문에 대한 답이 모두 들어가야 합니다.

☑ 3가지 질문에 대한 답이 자연스럽게 연결되어야 합니다.

☑ '-(으)ㄴ/는다, -(이)다'의 문어체로 글을 작성해야 합니다.

☑ 글을 쓰기 전에 자기 나라 말로 한번 생각해 본 후 글을 쓰는 것도 좋은 방법입니다.

☑ 글을 쓸 때 자신이 쓴 문장이 자연스러운지, 맞춤법은 맞게 썼는지 다시 읽어봐야 합니다.

	고	향	에	는		종	량	제		봉	투	가		따	로		없	고	,
쓰	레	기		무	게	에		따	라		돈	을		낸	다	.	한	국	에
서		종	량	제		봉	투	를		사	용	하	는		이	유	는		쓰
레	기		배	출	량	을		줄	이	고	,		자	원		재	활	용	을
늘	리	기		위	해	서	이	다	.		또		환	경	을		보	호	하	고
도	시	를		깨	끗	하	게		유	지	할		수	도		있	다	.	종
량	제		봉	투	를		사	용	하	지		않	으	면		사	람	들	이
쓰	레	기	를		아	무		데	나		버	리	거	나		재	활	용	이
잘		되	지		않	아		환	경	이		오	염	되	어		자	연	재
해	가		발	생	하	고	,		생	태	계	가		파	괴	될		것	이	다 .

아래와 같이 다른 답안도 쓸 수 있어요!

고향에도 종량제 봉투가 있지만 일반 비닐 봉투에 쓰레기를 담아서 버려도 괜찮다. 종량제 봉투를 사용하면 쓰레기의 양을 조절할 수 있어 쓰레기를 줄일 수 있다. 그리고 쓰레기를 분리배출하면 재활용 분리수거에도 효과가 있다. 만약 종량제 봉투를 사용하지 않는다면 쓰레기가 함부로 버려지고, 환경이 오염되며, 쓰레기를 처리하기 위해 많은 비용이 발생할 것이다.

5 / 층간소음

층간소음

층간소음이란 여러 명이 거주하는 공동주택 공간에서 입주자의 활동(뛰어 다니기, 텔레비전 소리, 청소기 소리 등)에 의해 발생되어 다른 입주자에게 피해를 주는 소음을 말합니다. 도시화와 산업화로 주거 형태가 아파트 등의 공동주택으로 변화하면서 일상생활에서 층간소음에 잘 노출되는 환경이 되었습니다.

층간소음은 쾌적하고 편안하게 살고 싶은 주민들의 욕구와 삶의 질을 떨어트리며 심할 경우 불안, 우울 등의 정신적인 문제를 일으킬 수 있습니다. 공동 공간이 아닌 개인 공간에서 발생하는 소음이므로 견딜 수 없을 만큼 고통스러울 수도 있기 때문입니다. 층간소음은 과거에는 큰 문제가 되지 않았지만 최근 심각한 문제로 많이 나타나고 있으며, 소음 피해로 민원*도 증가하고 있습니다.

일상생활 속에서 층간소음을 예방하기 위해서는 의자나 책상다리에 소음방지 패드를 붙이고, 평소 걸어 다닐 때 슬리퍼를 신는 것이 좋습니다. 또 어린아이가 있는 집은 두꺼운 매트를 깔아 층간소음을 줄이고, 너무 늦은 밤이나 이른 아침에는 세탁기와 청소기 사용을 자제하며, 집 안에서는 불필요하게 뛰어다니지 않는 것이 좋습니다. 관련 기간에서는 이웃 간 갈등을 줄일 수 있는 노력을 하고 있습니다. 공동주택에서 생활하다 보면 어쩔 수 없는 소음이 발생하게 되므로 이웃 간의 배려가 더욱 필요합니다.

* 민원: 주민이 행정 기관에 처리해 달라고 요구하는 일

※ 여러분의 나라에도 층간소음이 있습니까? 여러분 나라의 층간소음의 대처 방법에 대해 써 보세요. (단, 고향에서 경험한 층간소음이 없다면 한국에서 층간소음을 경험한 적이 있습니까? 한국에서 경험한 층간소음에 대해 써 보세요.)

_____

_____

_____

※ 다음 문장에 들어갈 알맞은 단어를 써 보세요.

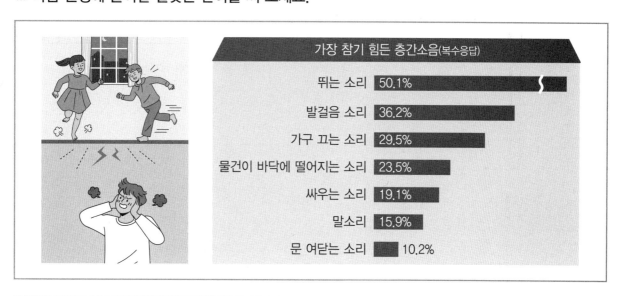

가장 참기 힘든 층간소음(복수응답)

뛰는 소리	50.1%
발걸음 소리	36.2%
가구 끄는 소리	29.5%
물건이 바닥에 떨어지는 소리	23.5%
싸우는 소리	19.1%
말소리	15.9%
문 여닫는 소리	10.2%

예방하다 / 뛰는 소리 / 발생하다 / 발걸음 소리 / 슬리퍼를 신다

한 아파트에서 입주민을 대상으로 설문 조사를 한 결과, 주민들이 가장 참기 힘든 층간소음으로 (㉠   )이/가 50.1%, (㉡   )이/가 36.2%로 높은 비율을 차지했습니다. 이러한 층간소음을 (㉢   ) 위해서는 어떤 방법이 있을까요? 만약 층간소음이 발생하면 관리사무소에 요청하여 공식 절차를 통해 객관적인 중재와 지원을 받을 수 있습니다. 그럼에도 불구하고 문제가 해결되지 않고 갈등이 심해질 경우 이웃사이센터나 분쟁조정위원회에 조정을 신청하는 방법도 있습니다.

그러나 가장 좋은 방법은 평소에 층간소음을 예방하는 습관을 만드는 것입니다. 너무 늦은 밤에는 세탁기나 청소기 사용을 자제하고, 집에서는 (㉣   ), 아이들에게 뛰어다니지 않게 교육하는 등 작은 습관과 실천들로 우리 모두의 주거 환경을 더욱 편안하게 만들 수 있습니다.

1. 다음을 읽고 밑줄 친 속담과 층간소음을 연결 지어 짧은 글을 만들어 보세요.

> 혼자 살고 있는 지영 씨는 병원에 가야 할 상황이었지만, 몸이 너무 아파서 움직일 수 없었습니다. 그때 마침 옆집에 살고 있는 현지 씨가 와서 지영 씨와 함께 병원에 가 주었습니다. 어려운 순간 현지 씨가 큰 도움이 되었습니다. "<u>가까운 이웃이 먼 친척보다 낫다.</u>"라는 속담이 있는데 어려운 상황에 도움을 주는 것은 먼 친척보다 가까이 사는 이웃들이라는 것을 잘 보여주는 사례입니다.

예 "가까운 이웃이 먼 친척보다 낫다."는 이웃 간의 관계가 얼마나 중요하고 가까운지 보여주는 한국의 속담이다. 최근 아파트와 같은 공동 주택에서 생활할 때 층간소음 문제로 이웃 간 갈등이 많이 생기는데 서로 배려하고, 소통한다면 이 속담처럼 이웃과의 관계가 좋아질 것이다.

_____

_____

_____

_____

1. 층간소음이란 무엇입니까?
2. 층간소음의 문제점은 무엇입니까?
3. 층간소음 문제를 줄이기 위하여 어떤 노력이 필요합니까?

1. 층간소음이란 무엇입니까?

층간소음은 _____.

쓸 Tip 층간소음의 뜻과 예를 함께 정리하여 쓰는 것이 좋습니다.

예시답안 층간소음은 아파트나 다세대 주택에서 이웃 간에 발생하는 소음 문제를 말한다. 발걸음 소리, 가구 이동 소리, 음악 소리 등이 포함된다.

2. 층간소음의 문제점은 무엇입니까?

층간소음은 _____.

쓸 Tip 층간소음이 일상생활에 미치는 불편함을 정리하여 쓰는 것이 좋습니다.

예시답안 층간소음은 스트레스를 유발하여 삶의 질을 떨어트린다. 특히 밤이나 이른 아침에는 소리에 더 민감해져 이웃과 갈등이 생길 수 있다.

3. 층간소음 문제를 줄이기 위하여 어떤 노력이 필요합니까?

층간소음을 줄이기 위해서는 _____ 노력이 필요하다.

쓸 Tip 층간소음이 발생하지 않도록 할 수 있는 일을 생각하여 쓰는 것이 좋습니다.

예시답안 층간소음을 줄이기 위해서는 슬리퍼를 신고 다니거나 너무 늦은 시간에 씻지 않는 등의 노력이 필요하다.

※ 다음 내용을 포함하여 '층간소음'이라는 제목으로 글을 쓰시오.

• 층간소음의 문제점은 무엇입니까?
• 층간소음 문제를 줄이기 위하여 어떤 노력이 필요합니까?

(단, 답안지에 제목은 생략하고 <u>본문만 쓰세요</u>.)

🔍 **다시 확인하기**

☑ 하나의 글에 2가지 질문에 대한 답이 모두 들어가야 합니다.

☑ 2가지 질문에 대한 답이 자연스럽게 연결되어야 합니다.

☑ '-(으)ㄴ/는다, -(이)다'의 문어체로 글을 작성해야 합니다.

☑ 글을 쓰기 전에 자기 나라 말로 한번 생각해 본 후 글을 쓰는 것도 좋은 방법입니다.

☑ 글을 쓸 때 자신이 쓴 문장이 자연스러운지, 맞춤법은 맞게 썼는지 다시 읽어봐야 합니다.

	층	간	소	음	은		스	트	레	스	를		유	발	하	고	,	이	웃
과		사	이	를		나	빠	지	게		만	든	다	.		층	간	소	음
문	제	를		줄	이	려	면		바	닥	에		매	트	를		깔	거	나
슬	리	퍼	를		신	고	,	이	웃	과		규	칙	을		정	하	여	
서	로		배	려	할		수		있	도	록		노	력	해	야		한	다.

아래와 같이 다른 답안도 쓸 수 있어요!

시끄러운 소리는 스트레스와 수면 부족을 일으켜 이웃 간에 갈등을 가져올 수 있다. 이러한 층간소음을 줄이기 위해서는 늦은 시간에는 뛰지 말고 슬리퍼를 신어서 발소리를 줄여야 한다.

※ 다음 내용을 포함하여 '층간소음'이라는 제목으로 글을 쓰시오.

• 층간소음이란 무엇입니까?

• 층간소음의 문제점은 무엇입니까?

• 층간소음 문제를 줄이기 위하여 어떤 노력이 필요합니까?

(단, 답안지에 제목은 생략하고 <u>본문만 쓰세요</u>.)

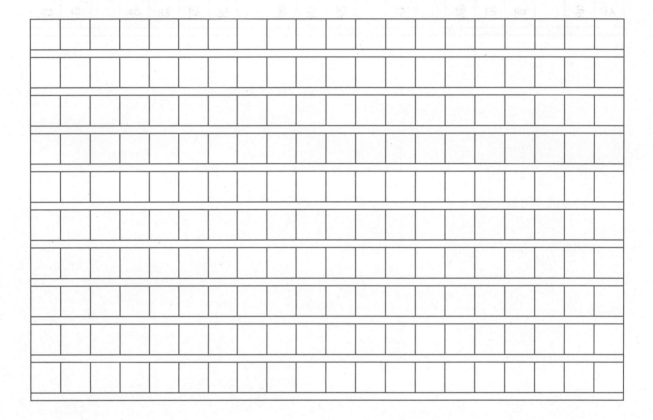

🔍 **다시 확인하기**

☑ 하나의 글에 3가지 질문에 대한 답이 모두 들어가야 합니다.

☑ 3가지 질문에 대한 답이 자연스럽게 연결되어야 합니다.

☑ '-(으)ㄴ/는다, -(이)다'의 문어체로 글을 작성해야 합니다.

☑ 글을 쓰기 전에 자기 나라 말로 한번 생각해 본 후 글을 쓰는 것도 좋은 방법입니다.

☑ 글을 쓸 때 자신이 쓴 문장이 자연스러운지, 맞춤법은 맞게 썼는지 다시 읽어봐야 합니다.

층간소음은 아파트나 다세대 주택에서 이웃 간에 발생하는 소음 문제를 말한다. 발걸음 소리, 가구 이동 소리, 음악 소리 등이 포함되며, 이러한 소음은 스트레스를 유발하여 삶의 질을 떨어트린다. 특히 밤이나 이른 아침에는 소리에 더 민감해져 이웃과 갈등이 생길 수 있다. 층간소음을 줄이기 위해서는 슬리퍼를 신고 다니거나 너무 늦은 시간에 씻지 않는 등의 노력이 필요하다.

아래와 같이 다른 답안도 쓸 수 있어요!

층간소음은 주로 아파트에서 많이 발생한다. 뛰는 소리, 악기 연주 소리, 가구 이동 소리 등 이웃의 일상 소음이 지속될 경우 스트레스와 수면 부족 등으로 이웃 간 갈등이 생길 수 있다. 층간소음을 줄이기 위해서는 서로 배려하는 자세가 필요하다. 늦은 시간에는 뛰지 말고, 악기 연주는 피해야 하며, 평소에는 슬리퍼를 신거나 매트를 깔아 발소리를 줄이는 방법이 있다.

대한민국 헌법 제1조에 따르면, 대한민국은 민주공화국이며, 대한민국의 주인은 국민임을 명시하고 있습니다. 즉, 국가란 주권(主權)에 의해 하나의 통치 조직을 가지고 있는 사회 집단이며, 국민이란 국가를 구성하는 사람입니다. 따라서 그 국가에 속한 국민이면 법을 지키고, 정치에 참여해야 합니다. 그리고 민주주의를 강화하고 국가의 발전을 위해서 우리는 정치에 관심을 가져야 합니다. 그렇다면 국민은 어떤 방법으로 정치에 참여할 수 있을까요? 사회통합프로그램 작문형 문제에서는 정치와 법에 관련된 문제가 종종 출제되고 있습니다. 정치와 법에 어떤 문제가 나오는지 함께 알아볼까요?

우리가 법(法)을 지켜야 하는 이유

주말에 친구끼리 또는 가족끼리 여행을 가기 위해 자동차를 타고 나간 적이 있습니까? 주말에는 도로에 자동차들이 정말 많습니다. 그런데 그렇게 복잡한 도로에서 나만 빨리 가겠다고 교통 법규를 지키지 않고 운전을 하는 사람이 있다면 그 도로는 어떻게 되겠습니까? 다른 사람들이 불편함을 경험할 수도, 큰 교통사고가 날 수도 있을 것입니다. 그래서 법을 지키지 않으면 처벌을 받습니다. 나만 생각하여 법이나 규칙을 무시한다면 다른 사람들에게 큰 피해를 줄 수 있기 때문입니다. 이처럼 법은 사회 질서를 유지하고, 개인과 공동체의 안전을 보장하며, 공정한 경제 활동을 일으키는 데 중요한 역할을 합니다. 우리가 법을 지켜야 하는 이유는 단순히 처벌을 피하기 위한 것이 아니라 사회적 관계를 맺고 있는 사람들끼리 신뢰를 형성하고 공동체의 발전을 이루기 위한 것입니다.

그래서 아무리 가벼운 일이라고 해도 법을 어기면 안 됩니다. 길에 쓰레기를 버리는 것도 법을 어기는 일입니다. 만약 법이 없거나 법을 지키지 않는 사회라면 길은 더러워지고, 매일 범죄가 일어날 것이고, 자유는 사라지고, 권리를 빼앗는 부정*과 부패*만 있을 것입니다. 사람들이 법을 지키면서 살아야 사회 질서가 유지되고, 편안하고 안전하게 생활할 수 있을 것입니다. 즉, 우리는 스스로를 위해서, 더 나아가 사회와 국가를 위해서 준법정신*을 갖춰야 합니다.

법은 사람들이 지켜야 하는 규칙이므로 사회 구성원들의 공동생활에 기준이 됩니다. 법이 있기 때문에 우리는 편안하고 안전하게 생활할 수 있습니다. 따라서 우리는 법을 잘 지켜서 정의롭고 안전한 사회를 만들어야 합니다.

* 부정: 옳지 않은 행위
* 부패: 정치, 의식 등이 정의롭지 못한 것
* 준법정신: 법이나 규칙을 잘 지키는 정신

※ 법을 지키지 않으면 사회에 어떤 변화가 생기는지 써 보세요.

_____

어휘 더하기

※ 다음 문장에 들어갈 알맞은 단어를 써 보세요.

재한외국인처우기본법 / 자유 / 권리 / 부패 / 경범죄

1. (   )은/는 일상생활에서 일어날 수 있는 비교적 가벼운 위법 행위입니다. 무임승차, 새치기, 노상방뇨, 장난전화 등이 있습니다.

2. 2007년에 외국인들의 한국 사회 적응을 돕기 위하여 제정된 법을 (   )(이)라고 합니다.

3. 법을 통해 사람들의 (   )와 (   )을/를 보호하고 사회 질서를 유지합니다.

문장 만들기

1. 다음을 읽고 빈칸에 들어갈 알맞은 말을 써 보세요.

정부에서는 (   ) '찾기 쉬운 생활 법령 정보' 홈페이지와 '생활 법률' 앱(App)을 만들었다. 여기에는 가정, 금융, 교통, 근로, 사회, 안전·범죄 등 주제에 따라 법이 쉽게 설명되어 있다. 그리고 12개의 언어로 정보가 제공되기 때문에 한국에 사는 외국인들도 이용하기 편리하다.

2. 다음을 읽고 단어를 활용하여 문장을 만들어 보세요.

추석 / 음력 8월 15일 → 추석은 음력 8월 15일입니다.

1) 법 / 큰 피해 → _____

2) 사회와 국가 / 준법정신 → _____

3) 법 / 규칙 / 사회 구성원 / 기준 → _____

1. 여러분 주변에서 경험할 수 있는, 법을 어기는 행동에는 어떤 것이 있습니까?

2. 법을 지켜야 하는 이유는 무엇입니까?

3. 법을 지키지 않는다면 어떤 문제점이 발생할 수 있습니까?

1. 여러분 주변에서 경험할 수 있는, 법을 어기는 행동에는 어떤 것이 있습니까?

법을 어기는 행동에는 _____, _____, _____ 등이 있다.

쓸 Tip 여러분이 보거나 들은, 법을 어기는 행동들을 정리하여 쓰는 것이 좋습니다.

예시답안 법을 어기는 행동에는 무단 횡단, 불법 주차, 쓰레기 투기 등이 있다.

2. 법을 지켜야 하는 이유는 무엇입니까?

법을 지켜야 하는 이유는 _____기 위해서이다.

쓸 Tip 법이 우리 사회에 미치는 영향에 대해 생각하여 쓰는 것이 좋습니다.

예시답안 법을 지켜야 하는 이유는 서로의 권리와 안전을 보장하고 사회 질서를 유지하기 위해서이다.

3. 법을 지키지 않는다면 어떤 문제점이 발생할 수 있습니까?

만약 법을 지키지 않는다면 _____.

쓸 Tip 법을 지키지 않는다면 일어날 수 있는 일에 대해 생각하여 쓰는 것이 좋습니다.

예시답안 만약 법을 지키지 않는다면 사고가 발생하거나, 피해를 입는 사람들이 생기고, 사회의 신뢰가 무너져 혼란이 발생할 수 있다.

※ 다음 내용을 포함하여 '법을 지켜야 하는 이유'라는 제목으로 글을 쓰시오.

- 법을 지켜야 하는 이유는 무엇입니까?
- 법을 지키지 않는다면 어떤 문제점이 발생할 수 있습니까?

(단, 답안지에 제목은 생략하고 <u>본문만 쓰세요</u>.)

∅ 다시 확인하기

- ☑ 하나의 글에 2가지 질문에 대한 답이 모두 들어가야 합니다.
- ☑ 2가지 질문에 대한 답이 자연스럽게 연결되어야 합니다.
- ☑ '-(으)ㄴ/는다, -(이)다'의 문어체로 글을 작성해야 합니다.
- ☑ 글을 쓰기 전에 자기 나라 말로 한번 생각해 본 후 글을 쓰는 것도 좋은 방법입니다.
- ☑ 글을 쓸 때 자신이 쓴 문장이 자연스러운지, 맞춤법은 맞게 썼는지 다시 읽어봐야 합니다.

	우	리	가		법	을		지	켜	야		하	는		이	유	는		안
전	하	고		행	복	하	게		살	기		위	해	서	이	다	.		만	약
법	을		지	키	지		않	으	면		사	람	들	이		다	치	거	나
불	행	해	질		수		있	다	.		즉		법	은		우	리	를		안
전	하	게		지	켜	주	는		규	칙	과		같	다	.				

아래와 같이 다른 답안도 쓸 수 있어요!

우리가 법을 지키지 않는다면 깨끗한 거리, 안전한 생활 등 사회 질서가 유지될 수 없다. 그래서 나와 다른 사람의 권리를 보장받고 질서를 유지하기 위해서 우리는 법을 지켜야 한다.

종합평가 원고지 쓰기

※ 다음 내용을 포함하여 '법을 지켜야 하는 이유'라는 제목으로 글을 쓰시오.

- 여러분 주변에서 경험할 수 있는, 법을 어기는 행동에는 어떤 것이 있습니까?
- 법을 지켜야 하는 이유는 무엇입니까?
- 법을 지키지 않는다면 어떤 문제점이 발생할 수 있습니까?

(단, 답안지에 제목은 생략하고 <u>본문만 쓰세요</u>.)

🔍 **다시 확인하기**

☑ 하나의 글에 3가지 질문에 대한 답이 모두 들어가야 합니다.

☑ 3가지 질문에 대한 답이 자연스럽게 연결되어야 합니다.

☑ '-(으)ㄴ/는다, -(이)다'의 문어체로 글을 작성해야 합니다.

☑ 글을 쓰기 전에 자기 나라 말로 한번 생각해 본 후 글을 쓰는 것도 좋은 방법입니다.

☑ 글을 쓸 때 자신이 쓴 문장이 자연스러운지, 맞춤법은 맞게 썼는지 다시 읽어봐야 합니다.

	법	을		어	기	는		행	동	은		우	리		주	변	에	서	
다	양	하	게		볼		수		있	다	.	음	주		운	전	이	나	
무	단		횡	단	,	불	법		주	차	,	저	작	권		침	해	,	쓰
레	기		투	기		등	이		이	에		해	당	된	다	.		법	을
지	켜	야		하	는		이	유	는		서	로	의		권	리	와		안
전	을		보	장	하	고		사	회		질	서	를		유	지	하	기	
위	해	서	이	다	.		이	를		지	키	지		않	으	면		사	고	가
발	생	하	거	나	,		피	해	를		입	는		사	람	들	이		생	기
고	,	사	회	의		신	뢰	가		무	너	져		혼	란	이		발	생
할		수		있	다	.													

아래와 같이 다른 답안도 쓸 수 있어요!

공공장소에서 흡연을 하거나 아무 데나 쓰레기를 버리는 일, 무단횡단 등은 모두 법을 어기는 행동이다. 우리가 법을 지키지 않는다면 깨끗한 길거리, 안전한 생활 등 사회 질서가 유지될 수 없을 것이다. 그리고 개인의 권리와 자유도 보장받을 수 없을 것이다. 그래서 나와 다른 사람의 권리를 보장받고 사회 질서를 유지하기 위해 우리는 법을 반드시 지켜야 한다.

선거와 투표

국민이 정치에 참여할 수 있는 가장 대표적인 방법으로 투표가 있습니다. 이는 대표자를 선출*하여 나의 의견을 전하는 방법입니다. 오늘날 대부분의 나라는 국민이 그들의 대표자를 뽑아 정치에 참여하는 방식을 채택하고 진행하고 있습니다. 그래서 나의 의견을 반영해서 정치를 잘 할 수 있는 대표자를 뽑는 일은 매우 중요합니다. 도덕적이지 않거나 능력이 부족한 대표자를 뽑으면 국가가 혼란스러워질 수 있기 때문입니다. 그래서 한 나라의 대표를 뽑는 일은 신중하게 생각하고 참여해야 합니다.

국민의 의견을 잘 반영하는 대표자를 뽑기 위해서는 공정하고 민주적인 선거가 이루어져야 합니다. 이에 대한민국에서는 보통 선거, 평등 선거, 비밀 선거, 직접 선거라는 선거의 4원칙에 따라 선거를 관리하고 있습니다. 보통 선거는 일정한 연령이 되면 누구나 선거에 참여할 수 있는 제도입니다. 평등 선거는 선거권이 있는 사람이라면 누구나 똑같이 한 표씩만 투표할 수 있는 제도입니다. 비밀 선거는 투표할 때 투표의 내용을 본인 외에는 알 수 없게 하는 제도입니다. 직접 선거는 본인이 직접 투표해야 한다는 제도입니다.

그러나 투표만으로 나의 의견이 정확하게 전달되지 않을 수도 있습니다. 이에 직접 국가 정책에 의견을 전하는 방법도 있습니다. 먼저, 환경, 정치, 교육, 경제 등 다양한 분야의 시민 단체 중 나의 의견과 맞는 곳에 가입하여 활동하는 적극적인 정치 참여 방법이 있습니다. 뿐만 아니라 정당에 가입해 활동을 할 수도 있습니다. 자신의 의견을 실현해 줄 정당에 힘을 싣는다면 정책 결정에 더 큰 영향을 미칠 수 있습니다. 그리고 마지막으로 서명 운동에 참여하여 사회적 문제나 정책에 대해 찬성이나 반대의 의견을 밝히는 방법이 있습니다. 오늘날에는 인터넷의 발달로 사이버 공간에서의 서명 운동이 많아져 정치 참여가 더욱 쉬워지기도 했습니다.

* 선출: 여럿 가운데서 가려 뽑음

※ 고향의 선거 방식에 대해 써 보세요.

_____
_____
_____

어휘 더하기

※ 다음을 읽고 알맞은 선거 절차를 써 보세요.

투표 / 개표 / 선거일에 선거인 명부 확인 / 선거 홍보 / 후보 등록

㉠ _____ → ㉡ _____ → ㉢ _____ → ㉣ _____ → ㉤ _____

1. 다음을 읽고 선거 절차에 대해 요약해 한 문장씩 써 보세요.

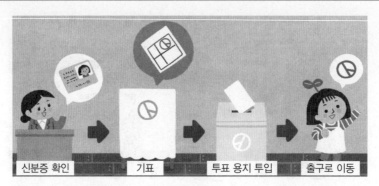

| 신분증 확인 | 기표 | 투표 용지 투입 | 출구로 이동 |

2013년도에 처음 실시된 사전투표 제도는 유권자의 투표 참여를 높이기 위해 시작된 제도이며, 선거일 전 5일부터 2일간 읍·면·동마다 설치되는 사전투표소에서 투표할 수 있다. 선거일에 바쁜 사람은 신분증만 있으면 자신이 사는 지역이 아니더라도 전국에 설치된 사전투표소 어디서든지 투표를 할 수 있다.

또한 재외선거 기간 내 국외에 거주 또는 체류 중인 대한민국 국민이나 국내에 주민등록이 되어있지 않은 사람이 해외에서도 투표에 참여할 수 있는 것은 재외국민 투표라고 한다. 재외 투표소는 원칙적으로 공관에 설치되며 선거일 전 14일부터 선거일 전 9일까지의 기간 중 6일 이내의 기간을 정하여 인터넷 홈페이지 등에 선거일 전 20일까지 공고해야 한다.

1) 사전투표가 시작된 이유는 _____.

2) 사전투표는 _____.

3) 재외 투표소는 _____.

2. 다음을 읽고 단어를 활용하여 문장을 만들어 보세요.

> 추석 / 음력 8월 15일 → <u>추석은 음력 8월 15일입니다.</u>

1) 가장 대표적인 정치 참여 방법 / 투표 → _____

2) 보통 선거 / 일정한 연령 → _____

3) 평등 선거 / 한 표씩 → _____

4) 비밀 선거 / 투표의 내용 / 본인 외에는 알 수 없다. → _____

5) 직접 선거 / 본인 / 직접 투표 → _____

1. 국민이 정치에 참여할 수 있는 기본적인 방법에는 무엇이 있습니까?

2. 선거 참여가 중요한 이유는 무엇입니까?

3. 고향에서는 국민이 어떤 방법으로 정치에 참여합니까?

1. 국민이 정치에 참여할 수 있는 기본적인 방법에는 무엇이 있습니까?

국민이 정치에 참여할 수 있는 기본적인 방법에는 _____, _____, _____ 등
이 있다.

> **쓸 Tip** 국민이 정치에 참여할 수 있는 방법에 대해 최대한 많이 알아두면 좋습니다.

> **예시답안** 국민이 정치에 참여할 수 있는 기본적인 방법에는 선거, 언론사 제보, 정당 가입 등이 있다.

2. 선거 참여가 중요한 이유는 무엇입니까?

선거는 _____ 매우 중요하다.

> **쓸 Tip** 여러 정치 참여 방법 중 선거는 어떤 것인지, 선거 참여가 왜 중요한지에 대해 정리하여 쓰는 것이 좋
> 습니다. '선거는 ~기 때문에 중요하다.' 등의 표현도 쓸 수 있습니다.

> **예시답안** 선거는 자신의 의견과 가치관을 대변할 대표를 뽑고, 사회 문제에 대한 입장을 표현하는 것이므로 매
> 우 중요하다.

3. 고향에서는 국민이 어떤 방법으로 정치에 참여합니까?

고향에서 _____ .

> **쓸 Tip** 고향에서의 정치 참여 방법과 한국에서의 정치 참여 방법의 공통점이나 차이점을 알아두면 좋습니다.

> **예시답안** 고향에서 선거는 가장 기본적인 정치 참여 수단이지만 한국과 다르게 대통령을 직접 뽑지는 않고, 각
> 주를 대표하는 선거인단을 통해 간접적으로 뽑는다.

※ 다음 내용을 포함하여 '정치 참여 방법'이라는 제목으로 글을 쓰시오.

> • 국민이 정치에 참여할 수 있는 기본적인 방법에는 무엇이 있습니까?
>
> • 선거 참여가 중요한 이유는 무엇입니까?

(단, 답안지에 제목은 생략하고 <u>본문만 쓰세요</u>.)

🔎 다시 확인하기

- ☑ 하나의 글에 2가지 질문에 대한 답이 모두 들어가야 합니다.
- ☑ 2가지 질문에 대한 답이 자연스럽게 연결되어야 합니다.
- ☑ '-(으)ㄴ/는다, -(이)다'의 문어체로 글을 작성해야 합니다.
- ☑ 글을 쓰기 전에 자기 나라 말로 한번 생각해 본 후 글을 쓰는 것도 좋은 방법입니다.
- ☑ 글을 쓸 때 자신이 쓴 문장이 자연스러운지, 맞춤법은 맞게 썼는지 다시 읽어봐야 합니다.

국	민	이		정	치	에		참	여	할		수		있	는		기	본
적	인		방	법	에	는		선	거	,		언	론		제	보	,	정	당
가	입		등	이		있	다	.		그	중		특	히		선	거		참	여
가		중	요	한		이	유	는		내		의	견	을		대	신		주
장	할		대	표	를		뽑	는		일	이	기		때	문	이	다	.

아래와 같이 다른 답안도 쓸 수 있어요!

국민이 정치에 참여할 수 있는 가장 기본적인 참여 방법에는 선거가 있다. 선거는 국민이 직접 대표자를 뽑음으로써 나라의 정책과 발전 방향을 결정할 수 있기 때문에 중요하다.

※ 다음 내용을 포함하여 '정치 참여 방법'이라는 제목으로 글을 쓰시오.

- 국민이 정치에 참여할 수 있는 기본적인 방법에는 무엇이 있습니까?
- 선거 참여가 중요한 이유는 무엇입니까?
- 고향에서는 국민이 어떤 방법으로 정치에 참여합니까?

(단, 답안지에 제목은 생략하고 <u>본문만 쓰세요</u>.)

🔍 **다시 확인하기**

☑ 하나의 글에 3가지 질문에 대한 답이 모두 들어가야 합니다.

☑ 3가지 질문에 대한 답이 자연스럽게 연결되어야 합니다.

☑ '-(으)ㄴ/는다, -(이)다'의 문어체로 글을 작성해야 합니다.

☑ 글을 쓰기 전에 자기 나라 말로 한번 생각해 본 후 글을 쓰는 것도 좋은 방법입니다.

☑ 글을 쓸 때 자신이 쓴 문장이 자연스러운지, 맞춤법은 맞게 썼는지 다시 읽어봐야 합니다.

	국	민	이		정	치	에		참	여	하	는		기	본	적	인		방
법	에	는		선	거	,	언	론	사		제	보	,	정	당		가	입
등	이		있	다	.	그	중	에	서		선	거	는		자	신	의		의
견	과		가	치	관	을		대	변	할		대	표	를		뽑	고	,	사
회		문	제	에		대	한		입	장	을		표	현	하	는		것	이
므	로		매	우		중	요	하	다	.	내		고	향	에	서	도		선
거	는		가	장		기	본	적	인		정	치		참	여		수	단	이
지	만		한	국	과		다	르	게		대	통	령	을		직	접		뽑
지	는		않	고	,	각		주	를		대	표	하	는		선	거	인	단
을		통	해		간	접	적	으	로		뽑	는	다	.					

아래와 같이 다른 답안도 쓸 수 있어요!

국민이 정치에 참여할 수 있는 가장 기본적인 참여 방법은 선거이다. 선거는 국민이 직접 대표자를 뽑음으로써 나라의 정책과 발전 방향을 결정할 수 있는 중요한 정치 참여 방법이다. 한국은 5년에 한 번 대통령을 뽑는 대통령 선거가 있으며 연임은 불가능하다. 고향에서도 한국과 똑같이 5년에 한 번 선거로 대통령을 뽑는다. 대신 한 번에 한해서 연임이 가능하다.

삼권분립과 권력

삼권분립은 국가의 권력을 입법부, 사법부, 행정부 3가지 기관으로 분산시키는 정치 제도입니다. 국가의 모든 힘(권력)이 한 사람이나 한 기관에 집중되면 그 힘을 마음대로 사용할 수 있기 때문입니다.

입법부는 국민에 의해 선출된 의원들이 법을 만들고 국가의 중요한 결정에 참여하는 회의 기관으로 국회를 의미합니다. 사법부는 어떤 문제에 대해 법을 적용하여 판단을 내리는 기관으로 법원을 의미합니다. 행정부는 입법부에서 만든 법에 따라 집행하며 국가의 행정 업무를 맡아서 하는 기관으로 정부를 의미합니다. 그리고 행정부의 최고 책임자는 대통령입니다. 각 기관은 독립적으로 운영되지만 서로의 활동을 감시하여 권력의 집중을 방지합니다.

삼권분립은 국가 권력의 집중을 막아 국민의 자유와 권리를 보호하는 데 중요한 역할을 합니다. 입법부는 국민의 목소리를 들으며 법률을 제정하고, 행정부는 그 법을 시행하여 사회의 질서를 유지합니다. 사법부는 법을 적용하여 개인의 권리를 보장합니다. 이 과정에서 국민들은 자신들의 권리가 보호받고 있음을 느끼며, 이는 민주주의의 가장 기본적인 요소입니다.

이처럼 삼권분립은 나라의 주인인 국민의 자유와 권리를 지키며, 민주주의 사회의 안정과 발전을 위해 꼭 필요합니다. 권력의 균형으로 우리는 더 공정하고 자유로운 사회를 만들어 나갈 수 있습니다.

※ 삼권분립이 필요한 이유는 무엇인지 써 보세요.

_____

_____

_____

어휘 더하기

※ 다음 문장에 들어갈 알맞은 단어를 써 보세요.

국회 / 정부 / 법원

1. 주로 법을 만드는 일을 하는 곳을 (   )(이)라고 합니다.

2. 나라의 살림을 운영하고 법을 실제로 집행하는 곳을 (   )(이)라고 합니다.

3. 법을 바탕으로 사회의 여러 갈등을 심판하는 곳을 (   )(이)라고 합니다.

1. 다음을 읽고 문장을 완성해 보세요.

> 권력이 한 곳에 집중되면 그 권력을 가진 개인이나 기업이 마음대로 사용할 수 있다. 그로 인해 국민의 의견이 무시될 수 있고, 권리와 자유를 누릴 수 없다. 그래서 한국은 권력의 집중을 막고, 각 기관이 서로 견제하여 균형을 이룰 수 있도록 입법, 행정, 사법으로 권력을 나누어 민주주의를 지킬 수 있도록 했다. 입법은 국회가 담당하며, 법률을 제정하고 예산을 심의하는 역할을 한다. 행정은 정부가 담당하며, 법률을 집행하고, 국가의 정책을 수립하는 역할을 한다. 사법은 법원이 담당하며, 법률에 따라 분쟁을 해결하고, 개인의 권리를 보호하는 역할을 한다. 삼권분립 제도는 사회의 안정과 발전을 위해 반드시 필요한 제도이다.

1) 삼권분립은 _____.

2) 입법부는 _____,
   대법원장 임명에 동의 또는 반대하는 방식으로 행정부와 사법부를 견제한다.

3) 삼권분립은 나라의 주인인 국민의 자유와 권리를 지키며, 민주주의 사회의 _____.

2. 다음을 읽고 단어를 활용하여 문장을 만들어 보세요.

> 추석 / 음력 8월 15일 → <u>추석은 음력 8월 15일입니다.</u>

1) 민주주의 / 국가의 주인 → _____

2) 삼권분립 / 견제 / 권력의 균형 → _____

3) 행정부 / 대통령, 국무총리, 행정 각부 → _____

원고지 쓰기 워밍업

1. 한국의 삼권분립 기관에는 어떤 것이 있습니까?
2. 각 기관의 특징은 무엇입니까?
3. 권력분립이 필요한 이유는 무엇입니까?

1. 한국의 삼권분립 기관에는 어떤 것이 있습니까?

한국은 _____, _____, _____의 삼권분립 기관이 있다.

쓸 Tip 한국의 삼권분립 기관에 대해 미리 알아두면 좋습니다.

예시답안 한국은 입법부(국회), 행정부(정부), 사법부(법원)의 삼권분립 기관이 있다.

2. 각 기관의 특징은 무엇입니까?

_____은/는 _____, _____은/는 _____, _____
은/는 _____.

쓸 Tip 한국의 삼권분립 기관에는 각각 어떤 특징이 있는지 정리하여 쓰는 것이 좋습니다.

예시답안 입법부는 법을 만들고, 행정부는 법을 실행하며, 사법부는 법을 해석하고 다툼을 해결한다.

3. 권력분립이 필요한 이유는 무엇입니까?

권력분립이 필요한 이유는 _____기 위해서이다.

쓸 Tip 권력분립이 필요한 이유에 대해 나의 생각을 정리하여 쓰는 것이 좋습니다. '~기 때문이다.'라는 표현
도 쓸 수 있습니다.

예시답안 권력분립이 필요한 이유는 독재나 부정부패를 방지하고 나아가 민주주의를 지켜 시민의 권리를 보호
하기 위해서이다.

※ 다음 내용을 포함하여 '삼권분립과 권력'이라는 제목으로 글을 쓰시오.

> • 한국의 삼권분립 기관에는 어떤 것이 있습니까?
>
> • 권력분립이 필요한 이유는 무엇입니까?

(단, 답안지에 제목은 생략하고 <u>본문만 쓰세요</u>.)

🔎 다시 확인하기

- ☑ 하나의 글에 2가지 질문에 대한 답이 모두 들어가야 합니다.
- ☑ 2가지 질문에 대한 답이 자연스럽게 연결되어야 합니다.
- ☑ '–(으)ㄴ/는다, –(이)다'의 문어체로 글을 작성해야 합니다.
- ☑ 글을 쓰기 전에 자기 나라 말로 한번 생각해 본 후 글을 쓰는 것도 좋은 방법입니다.
- ☑ 글을 쓸 때 자신이 쓴 문장이 자연스러운지, 맞춤법은 맞게 썼는지 다시 읽어봐야 합니다.

	한	국	의		삼	권	분	립		기	관	에	는		입	법	부	,		행
정	부	,	사	법	부	가		있	다	.		권	력	분	립	이		필	요	한
이	유	는		권	력	이		한		곳	에		집	중	되	지		않	도
록		하	고	,	서	로		견	제	하	며		균	형	을		이	루	어
민	주	주	의	를		보	호	하	기		위	해	서	이	다	.		

아래와 같이 다른 답안도 쓸 수 있어요!

한국은 국가 권력을 입법부, 사법부, 행정부로 나눈다. 국가의 모든 힘이 한 기관에 집중되면 그 힘을 마음대로 사용해 문제가 생길 수 있기 때문에 균형을 위해 권력분립이 필요하다.

※ 다음 내용을 포함하여 '삼권분립과 권력'이라는 제목으로 글을 쓰시오.

• 한국의 삼권분립 기관에는 어떤 것이 있습니까?

• 각 기관의 특징은 무엇입니까?

• 권력분립이 필요한 이유는 무엇입니까?

(단, 답안지에 제목은 생략하고 <u>본문만 쓰세요</u>.)

🔍 **다시 확인하기**

☑ 하나의 글에 3가지 질문에 대한 답이 모두 들어가야 합니다.

☑ 3가지 질문에 대한 답이 자연스럽게 연결되어야 합니다.

☑ '–(으)ㄴ/는다, –(이)다'의 문어체로 글을 작성해야 합니다.

☑ 글을 쓰기 전에 자기 나라 말로 한번 생각해 본 후 글을 쓰는 것도 좋은 방법입니다.

☑ 글을 쓸 때 자신이 쓴 문장이 자연스러운지, 맞춤법은 맞게 썼는지 다시 읽어봐야 합니다.

	한	국	은		입	법	부	(	국	회	)	,		행	정	부	(	정	부	),
사	법	부	(	법	원	)	로		구	성	된		삼	권	분	립		체	계	
가		있	다	.	입	법	부	는		법	을		만	들	고	,		행	정	부
는		법	을		실	행	하	며	,		사	법	부	는		법	을		해	석
하	고		다	툼	을		해	결	한	다	.	이	들	은		서	로		견	
제	하	고		균	형	을		이	루	어		권	력	을		남	용	하	지	
않	도	록		한	다	.	이	렇	게		국	가		권	력	이		세		
곳	으	로		분	리	된		이	유	는		독	재	나		부	정	부	패	
를		막	고		나	아	가		민	주	주	의	를		지	켜		국	민	
의		권	리	를		보	호	하	기		위	해	서	이	다	.				

아래와 같이 다른 답안도 쓸 수 있어요!

한국은 국가 권력을 입법부, 사법부, 행정부로 나눈다. 입법부는 국회이며 국회의원이 법을 만들고 국가의 중요한 결정에 참여한다. 행정부는 정부이며 국가의 행정 업무를 맡는다. 사법부는 법원이며 어떤 문제에 대해 법을 적용하여 판단을 내린다. 국가의 모든 힘이 한 기관에 집중되면 그 힘을 마음대로 사용해 문제가 발생할 수 있기 때문에 권력분립이 필요하다.

저출산(저출생)과 고령화

대한민국은 급감*하는 출산율과 늘어나는 노인 인구로 초고령화 사회(전체 인구 중 65세 이상 고령인구 비율이 20% 이상인 사회)가 되었습니다. 저출산(저출생) 문제와 고령화 문제는 정치, 경제, 사회, 문화 등 모든 면에서 큰 영향을 미치고 있으며, 이는 한 국가가 사라질 수도 있는 심각한 사회 문제입니다. 태어나는 인구는 줄어들고 노인 인구는 증가하고 있으므로 이를 해결하기 위해서는 다양한 접근이 필요합니다.

2024년도 기준 대한민국의 평균 합계출산율은 0.75명이며, OECD 국가 중 가장 낮은 합계출산율을 기록했습니다. 낮은 출산율의 원인으로는 학업과 취업의 지연으로 인한 불안정한 고용 형태, 높아지는 경제 물가, 양육과 사교육비 지출 부담, 가치관의 변화 등이 있습니다.

이렇게 다양한 이유로 출산을 하지 않거나 출산이 늦어지는 것과 동시에 노인 인구는 빠르게 증가하고 있습니다. 2024년 기준으로 대한민국은 65세 이상 인구가 1,000만 명이 넘어 초고령화 사회에 진입하였습니다. 고령화는 곧 노동 인구 감소를 의미하며, 이는 국가의 경제 성장을 느리게 만듭니다. 또한 연금 및 의료 시스템에 큰 부담을 주어 복지 재정*의 압박을 더욱 증가하게 만드는 원인이 됩니다. 사회적 비용의 증가와 함께 청년층의 부담은 계속 커지기 때문에 저출산(저출생)과 고령화는 앞으로도 지속될 것입니다.

이를 해결하기 위해 정부와 지방자치단체는 일과 가정의 지원 시스템 및 양육 체계 마련, 청년 고용률 확대, 국공립 보육 시설의 확대, 노인을 위한 의료 서비스 확대와 연금 제도의 개혁* 등 청년층의 결혼율과 출산율, 노년층의 경제 활동 참여율을 높일 수 있는 실질적인 정책과 혜택을 마련할 필요가 있습니다.

* 급감: 갑자기 줄어듦
* 재정: 단체나 국가가 수입과 재산을 관리하며 사용하는 것
* 개혁: 불리한 제도나 기구를 새롭게 고침

※ 대한민국의 젊은 부부들이 아이를 낳지 않는 이유는 무엇인지 써 보세요.

_____

_____

_____

※ 다음 글을 읽고 문장에 들어갈 알맞은 단어를 써 보세요.

> 저출생의 영향으로 올해 초등학교에 입학하는 학생 수가 지난해보다 10% 가까이 줄었습니다. 지난해 입학생이 단 한 명도 없었던 초등학교는 전국에 150곳이 넘습니다. 서울 전 지역 초등학교의 올해 입학 대상자는 모두 5만 3천여 명입니다. 미래에는 지방뿐만 아니라 서울에서도 문을 닫는 초등학교가 더 늘어날 것이라는 전망입니다. 정부는 출산율을 올리기 위해 신생아 특례 대출, 신혼부부 주택 공급 등 출산 가정과 신혼부부를 위한 다양한 복지 정책을 더욱 확대할 예정이라고 합니다.
>
> 반면에 최근 65세 노인 인구는 전체의 20%를 넘어서며 한국은 '초고령화 사회'에 진입했습니다. 이후 2052년에는 혼자 사는 1인 노인 가구의 수가 41.3%로 증가할 전망입니다. 특히 60살 이상이 차지하는 비율은 60.3%로 더 늘어나며 곧 초고령 1인 가구 시대가 열릴 것으로 보입니다.

1. 최근 한국이 (   )에 진입하면서 노인 건강관리의 중요성이 높아지고 있다.

2. 65세 이상 (   ) 비율이 증가하며 보건소와 진료소의 역할이 더욱 중요해졌다.

3. (   ) 문제를 해결하기 위해 정부는 아이를 낳고 기르면서 받을 수 있는 혜택과 지원을 늘리기로 했다.

1. 다음을 읽고 질문에 답해 보세요.

> 출산율 저하로 총인구는 감소하는 반면 고령 인구는 증가하고 있어 인구구조가 점차 '역피라미드' 형태로 변하고 있다. 그리고 이는 점차 세대 갈등으로 이어지고 있다. 국민연금을 둘러싼 갈등이 대표적이다. 저출산·고령화로 2055년경 국민연금 고갈이 전망되면서 직장인들 사이에서 국민연금이 불리한 제도라는 의견이 제기되고 있다. 아울러 입학생 수가 부족해 문을 닫는 대학의 증가 문제, 노인빈곤과 노인복지비 문제도 점점 늘어나면서, 저출산·고령화는 국가와 지자체의 새로운 사회적 과제로 떠오르고 있다.

1) 위 기사문에서 이야기하고 있는 문제점은 무엇입니까?

_____

2) 그 문제점을 어떻게 해결할 수 있습니까?

_____

2. 다음을 읽고 단어를 활용하여 문장을 만들어 보세요.

> 추석 / 음력 8월 15일 → 추석은 음력 8월 15일입니다.

1) 출생률 / 감소 / 노인 인구 / 증가 → _____

2) 고령화 / 증가 / 노동 인구 / 감소 → _____

3) 불안정한 고용 환경 / 결혼을 포기하는 청년 → _____

4) 사교육비 지출 부담 / 아이를 낳지 않다 → _____

> 1. 저출산(저출생)과 고령화가 발생한 이유는 무엇입니까?
> 2. 저출산(저출생)과 고령화가 지속되면 어떤 문제가 생깁니까?
> 3. 저출산(저출생)과 고령화를 해결하기 위하여 어떤 방법이 있습니까?

1. 저출산(저출생)과 고령화가 발생한 이유는 무엇입니까?

저출산(저출생)과 고령화가 발생한 이유는 대표적으로 _____

_____ .

쓸 Tip 저출산과 고령화가 발생한 이유를 각각 정리하여 쓰는 것이 좋습니다.

예시답안 저출산과 고령화가 발생한 이유는 대표적으로 경제적 부담과 가치관의 변화로 인한 출산 포기와 의료 기술의 발전으로 인한 평균 수명의 증가를 들 수 있다.

2. 저출산(저출생)과 고령화가 지속되면 어떤 문제가 생깁니까?

이런 상황이 계속되면 _____ .

쓸 Tip 저출산과 고령화가 우리 사회에 미칠 영향에 대해 정리하여 쓰는 것이 좋습니다.

예시답안 이런 상황이 계속되면 생산 인구가 줄어들어, 국가의 경제 성장도 느려질 수밖에 없다.

3. 저출산(저출생)과 고령화를 해결하기 위하여 어떤 방법이 있습니까?

_____ , _____ .

쓸 Tip 저출산과 고령화를 해결하기 위해 정부나 기업이 어떤 노력을 해야 할지 생각하여 쓰는 것이 좋습니다.

예시답안 출산 및 육아 지원을 더 늘리고, 일자리를 안정시키는 등 살기 좋은 환경을 만들어야 한다.

중간평가 원고지 쓰기

※ 다음 내용을 포함하여 '저출산(저출생)과 고령화'이라는 제목으로 글을 쓰시오.

- 저출산(저출생)과 고령화가 지속되면 어떤 문제가 생깁니까?
- 저출산(저출생)과 고령화를 해결하기 위하여 어떤 방법이 있습니까?

(단, 답안지에 제목은 생략하고 <u>본문만 쓰세요</u>.)

🔍 **다시 확인하기**

☑ 하나의 글에 2가지 질문에 대한 답이 모두 들어가야 합니다.

☑ 2가지 질문에 대한 답이 자연스럽게 연결되어야 합니다.

☑ '-(으)ㄴ/는다, -(이)다'의 문어체로 글을 작성해야 합니다.

☑ 글을 쓰기 전에 자기 나라 말로 한번 생각해 본 후 글을 쓰는 것도 좋은 방법입니다.

☑ 글을 쓸 때 자신이 쓴 문장이 자연스러운지, 맞춤법은 맞게 썼는지 다시 읽어봐야 합니다.

	저	출	생	과		고	령	화	가		지	속	되	면		일	할		사
람	이		부	족	해	져		경	제		성	장	이		느	려	지	고	
사	회		문	제	도		발	생	한	다	.	이	를		해	결	하	려	면
젊	은		층	의		출	산	과		육	아	를		돕	고		고	령	자
의		취	업	을		돕	는		정	책	이		필	요	하	다	.		

아래와 같이 다른 답안도 쓸 수 있어요!

저출산과 고령화가 지속되면 일할 수 있는 인구가 줄어 경제 성장이 늦어지고 노인 빈곤과 세대 갈등이 생길 수 있다. 따라서 출산 지원과 노년층의 경제 활동 장려 정책이 필요하다.

※ 다음 내용을 포함하여 '저출산(저출생)과 고령화'이라는 제목으로 글을 쓰시오.

- 저출산(저출생)과 고령화가 발생한 이유는 무엇입니까?
- 저출산(저출생)과 고령화가 지속되면 어떤 문제가 생깁니까?
- 저출산(저출생)과 고령화를 해결하기 위하여 어떤 방법이 있습니까?

(단, 답안지에 제목은 생략하고 <u>본문만 쓰세요</u>.)

🔍 **다시 확인하기**

☑ 하나의 글에 3가지 질문에 대한 답이 모두 들어가야 합니다.

☑ 3가지 질문에 대한 답이 자연스럽게 연결되어야 합니다.

☑ '-(으)ㄴ/는다, -(이)다'의 문어체로 글을 작성해야 합니다.

☑ 글을 쓰기 전에 자기 나라 말로 한번 생각해 본 후 글을 쓰는 것도 좋은 방법입니다.

☑ 글을 쓸 때 자신이 쓴 문장이 자연스러운지, 맞춤법은 맞게 썼는지 다시 읽어봐야 합니다.

출생률 저하와 고령 인구 증가에는 여러 이유가 있겠지만 대표적으로 경제적 부담과 가치관의 변화로 인한 출산 포기와 의료 기술의 발전으로 인한 평균 수명 증가를 들 수 있다. 이런 상황이 계속되면 생산 인구가 줄어들어, 국가의 경제 성장도 느려질 수밖에 없다. 따라서 출산 및 육아 지원을 더 늘리고, 노인 일자리를 확대시키는 등 살기 좋은 환경을 만들어야 한다.

아래와 같이 다른 답안도 쓸 수 있어요!

일을 하는 여성이 많아지고 결혼과 출산에 대한 생각이 변하면서 출산율이 감소하고 있다. 그리고 의료기술의 발달로 수명이 늘면서 노인 인구가 증가하고 있다. 이런 문제가 지속되면 일을 할 수 있는 사람이 줄어 경제 성장이 늦어지고 노인 빈곤이나 세대 갈등과 같은 사회 문제가 발생할 수 있다. 따라서 출산 지원 정책과 노년층의 경제 활동 장려 정책이 필요하다.

5　근로자 보호 제도

만약 내가 회사의 사장이라면?

현대의 직장은 직원들의 행복과 만족도가 기업의 성과에 큰 영향을 미칩니다. 이에 많은 기업이 직장 내 복지 제도를 다양하게 마련하고 있으며, 법으로도 이를 규정하고 있습니다. 이를 통해 직원들은 근로자로서 권리를 보호받고, 누리고 있습니다.

외국인 근로자도 근로자로서의 지위를 갖습니다. 따라서 한국인 근로자와 동일하게 「근로기준법」, 「최저임금법」 등 법령에 의해 노동의 기본권을 보호받습니다. 「헌법」에는 근로자의 단결권, 단체교섭권, 단체행동권이라는 권리를 보장하는 규정들이 있습니다.

단결권은 근로자가 노동조합을 만들어서 자유롭게 가입 또는 활동할 수 있는 권리입니다. 단체교섭권은 근로자 단체(노동조합)가 사용자를 상대로 근로조건의 유지 및 개선 등에 관해 교섭을 요청할 수 있는 권리입니다. 단체행동권은 근로자가 근로조건의 유지 및 개선을 위해 사용자에 대해 단체행동을 할 수 있는 권리입니다.

이 외에도 근로자의 사고나 어려움에 대비하기 위한 산업재해보상보험과 고용보험 등과 같은 제도도 있습니다. 이는 나이가 많이 들어서 일을 하지 못할 때, 다치거나 질병에 걸려서 일을 하지 못할 때 근로자의 경제생활을 안전하게 보장해 주고 보호해 주는 제도입니다. 한 명의 근로자라도 고용을 했다면 회사는 4대 보험(국민연금, 의료보험, 산업재해보상보험, 고용보험)에 의무적으로 가입해야 합니다.

※ 만약 내가 회사의 사장이라면 근로자를 보호하기 위해 어떤 제도를 가장 중요하게 여길지 써 보세요.

_____

_____

_____

어휘 더하기

※ 단어와 그 예시가 서로 알맞은 것을 연결하세요.

1. 단결권 •

• ㉠ 근로 조건, 근무 시간, 임금 등 의견을 모아 요구 사항을 정리하고, 때로는 협상을 통해 결정을 내린다.

2. 단체 교섭권 •

• ㉡ 한 회사의 직원들이 조합을 결성하여 근로 조건이나 임금 제도를 개선하기 위해 의견을 모은다.

3. 단체 행동권 •

• ㉢ 요구 사항이 받아들여지지 않을 경우, 시위나 파업의 형태로 일정 기간 동안 일을 중단하면서 단체로서의 힘을 보여 주고 자신들의 의견을 주장한다.

1. 다음을 읽고 어떤 제도인지 간단하게 설명하는 문장을 만들어 보세요.

> 사회보험은 개인의 삶(안정과 복지)에 직접적인 영향을 미치는 제도로, 실업이나 질병, 상해, 사망 등 여러 상황으로 일을 할 수 없게 되는 사회적 위험을 미리 대비하는 제도이다. 사회보험에는 국민연금, 건강보험, 고용보험, 산업재해보상보험이 있다.

1) 회사에서 퇴직하고 나이가 들면서 일을 하지 못하고 있을 때, 연금을 받기 시작했으며 노후를 이어나가고 있다. 이 제도는 _____.

2) 몇 년 전, 병에 걸려 입원을 하게 되었을 때 이 보험 덕분에 병원비의 부담이 크게 줄었다. 이 제도는 _____.

3) 출근길에 횡단보도를 건너다가 자동차와 부딪히는 사고가 있어 병원에서 치료를 받게 되었다. 치료를 받는 동안 일을 하지는 못하지만 급여를 받으면서 치료비에 보탤 수 있었다. 이 제도는 _____.

4) 회사가 문을 닫아 일을 하지 못하고 있을 때 구직급여 덕분에 생계를 이어나갈 수 있었고, 다른 직장에 취업할 수 있도록 준비할 수 있었다. 이 제도는 _____.

1. 한국에서 보장하고 있는 노동삼권이란 무엇입니까?
2. 직장생활 중 갑작스러운 사고에 대비할 수 있게 마련된 제도에는 어떤 것이 있습니까?
3. 만약 여러분이 회사의 사장이라면 근로자를 보호하기 위해 어떤 노력을 할 수 있습니까?

1. 한국에서 보장하고 있는 노동삼권이란 무엇입니까?

한국에서는 _____, _____, _____으로 근로자의 권리를 보장하고 있다.

[쓸 Tip] 한국에서 보장하고 있는 노동자의 권리에 대해 미리 알아두면 좋습니다.

[예시답안] 한국에서는 근로권, 단체행동권, 단체교섭권의 노동삼권으로 근로자의 권리를 보장하고 있다.

2. 직장생활 중 갑작스러운 사고에 대비할 수 있게 마련된 제도에는 어떤 것이 있습니까?

_____.

[쓸 Tip] 한국에는 직장생활 중 갑작스러운 사고에 대비할 수 있게 마련되어 있는 산업재해보상보험 제도가 있습니다. 이에 대해 미리 알아두면 좋습니다.

[예시답안] 한국에서는 직장생활 중 발생한 사고나 질병에 대해 보상받을 수 있도록 산업재해보상보험이 운영되고 있으며, 일부 회사는 안전교육이나 안전점검도 실시한다.

3. 만약 여러분이 회사의 사장이라면 근로자를 보호하기 위해 어떤 노력을 할 수 있습니까?

만약 내가 사장이라면(또는 사장이 된다면) _____이/가 _____있도록
_____ 노력할 것이다.

[쓸 Tip] 만약 여러분이 회사의 사장이 된다면 근로자를 보호하기 위해 어떤 점을 중요하게 말할지 생각하여 쓰는 것이 좋습니다.

[예시답안] 만약 내가 사장이 된다면 무엇보다 근로자가 안전하게 근무할 수 있도록 근무 환경을 제공하고, 정당한 임금을 지급하기 위해 노력할 것이다.

※ 다음 내용을 포함하여 '근로자 보호 제도'라는 제목으로 글을 쓰시오.

- 한국에서 보장하고 있는 노동삼권이란 무엇입니까?
- 만약 여러분이 회사의 사장이라면 근로자를 보호하기 위해 어떤 노력을 할 수 있습니까?

(단, 답안지에 제목은 생략하고 <u>본문만 쓰세요.</u>)

🔍 **다시 확인하기**

☑ 하나의 글에 2가지 질문에 대한 답이 모두 들어가야 합니다.

☑ 2가지 질문에 대한 답이 자연스럽게 연결되어야 합니다.

☑ '–(으)ㄴ/는다, –(이)다'의 문어체로 글을 작성해야 합니다.

☑ 글을 쓰기 전에 자기 나라 말로 한번 생각해 본 후 글을 쓰는 것도 좋은 방법입니다.

☑ 글을 쓸 때 자신이 쓴 문장이 자연스러운지, 맞춤법은 맞게 썼는지 다시 읽어봐야 합니다.

	한	국	에	서		보	장	하	는		노	동	삼	권	은		단	결	권,
단	체	교	섭	권	,	단	체	행	동	권	이	다	.		만	약		내	가
회	사	의		사	장	이	라	면		노	동	자	가		근	무	하	기	
좋	은		환	경	을		만	들	고	,	일	한		대	가	에		맞	게
돈	을		주	고	,	그	들	을		존	중	할		것	이	다	.		

아래와 같이 다른 답안도 쓸 수 있어요!

근로자의 권리를 보호하는 노동삼권은 단결권, 단체교섭권, 단체행동권이다. 만약 내가 사장이라면 직원 복지에 힘쓸 것이다. 특히 회사에서 편히 일할 수 있는 환경을 만들어 주고 싶다.

※ 다음 내용을 포함하여 '근로자 보호 제도'라는 제목으로 글을 쓰시오.

- 한국에서 보장하고 있는 노동삼권이란 무엇입니까?
- 직장생활 중 갑작스러운 사고에 대비할 수 있게 마련된 제도에는 어떤 것이 있습니까?
- 만약 여러분이 회사의 사장이라면 근로자를 보호하기 위해 어떤 노력을 할 수 있습니까?

(단, 답안지에 제목은 생략하고 <u>본문만 쓰세요</u>.)

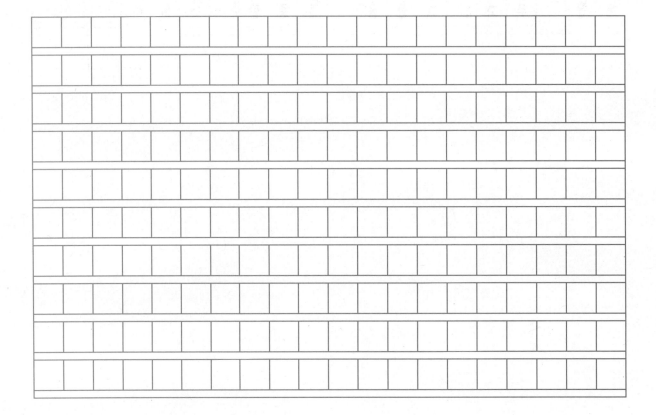

🔍 **다시 확인하기**

☑ 하나의 글에 3가지 질문에 대한 답이 모두 들어가야 합니다.

☑ 3가지 질문에 대한 답이 자연스럽게 연결되어야 합니다.

☑ '–(으)ㄴ/는다, –(이)다'의 문어체로 글을 작성해야 합니다.

☑ 글을 쓰기 전에 자기 나라 말로 한번 생각해 본 후 글을 쓰는 것도 좋은 방법입니다.

☑ 글을 쓸 때 자신이 쓴 문장이 자연스러운지, 맞춤법은 맞게 썼는지 다시 읽어봐야 합니다.

	한	국	에	서	는		근	로	권	,	단	체	행	동	권	,		단	체	교
섭	권	의		노	동	삼	권	으	로		근	로	자	의		권	리	를		
보	장	하	고		있	다	.		또	한		직	장	생	활		중		발	생
한		사	고	나		질	병	에		대	해		보	상	받	을		수		
있	도	록		산	업	재	해	보	상	보	험	도		운	영	되	고		있	
으	며	,	일	부		회	사	는		안	전	교	육	이	나		안	전	점	
검	을		실	시	한	다	.		만	약		내	가		회	사	의		사	장
이		된	다	면		무	엇	보	다		안	전	하	게		근	무	할		
수		있	는		환	경	을		제	공	하	고	,		정	당	한		임	금
을		지	급	하	기		위	해		노	력	할		것	이	다	.			

아래와 같이 다른 답안도 쓸 수 있어요!

한국에서는 근로자의 권리를 보호하는 노동삼권으로 단결권, 단체교섭권, 단체행동권이 있다. 그리고 직장생활 중 갑작스러운 사고로 부상을 입었을 때는 산업재해보상보험으로 문제를 처리할 수 있다. 만약 내가 사장이라면 직원들에게 많은 신경을 쓰고 싶다. 특히 직원 복지에 힘을 쓸 것이다. 직원들이 건강하고 오래 일할 수 있도록 좋은 근무 환경을 만들고 싶다.

PART 3

중간평가
실전 모의고사

※ 다음 내용을 포함하여 '내가 좋아하는 계절'이라는 제목으로 글을 쓰시오.

• 한국의 사계절 중에서 어떤 계절을 가장 좋아합니까?

• 그 계절을 좋아하는 이유는 무엇입니까?

(단, 답안지에 제목은 생략하고 <u>본문만</u> 쓰세요.)

✔ 체크리스트

▶ 질문에 대한 답을 모두 썼나요? ·· ☐

▶ 질문에 대한 답이 모두 자연스럽게 연결되었나요? ························ ☐

▶ 문어체[–(으)ㄴ/는다]로 글을 작성했나요? ······························· ☐

▶ 문장이 자연스럽고, 맞춤법은 맞게 썼나요? ······························· ☐

※ 다음 내용을 포함하여 '내가 좋아하는 여행지'라는 제목으로 글을 쓰시오.

- 한국의 여행지 중에서 어떤 곳을 가장 좋아합니까?
- 다른 사람들에게 그곳을 여행지로 추천한다면 이유는 무엇입니까?

(단, 답안지에 제목은 생략하고 <u>본문만</u> <u>쓰세요</u>.)

✔ 체크리스트

▶ 질문에 대한 답을 모두 썼나요? ··· ☐
▶ 질문에 대한 답이 모두 자연스럽게 연결되었나요? ························· ☐
▶ 문어체[–(으)ㄴ/는다]로 글을 작성했나요? ····································· ☐
▶ 문장이 자연스럽고, 맞춤법은 맞게 썼나요? ································· ☐

※ 다음 내용을 포함하여 '고치고 싶은 나쁜 습관'이라는 제목으로 글을 쓰시오.

- 어떤 나쁜 습관이 있습니까?
- 그 습관을 고치기 위해 어떤 노력을 하고 있습니까?

(단, 답안지에 제목은 생략하고 본문만 쓰세요.)

✔ 체크리스트

▶ 질문에 대한 답을 모두 썼나요? ⬜

▶ 질문에 대한 답이 모두 자연스럽게 연결되었나요? ⬜

▶ 문어체[-(으)ㄴ/는다]로 글을 작성했나요? ⬜

▶ 문장이 자연스럽고, 맞춤법은 맞게 썼나요? ⬜

제4회 실전 모의고사

※ 다음 내용을 포함하여 '한국 생활의 힘든 점'이라는 제목으로 글을 쓰시오.

- 한국에서 생활하면서 가장 힘든 점은 무엇입니까?
- 그 점을 극복하기 위해 어떤 노력을 하고 있습니까?

(단, 답안지에 제목은 생략하고 <u>본문만</u> 쓰세요.)

✔ **체크리스트**

▶ 질문에 대한 답을 모두 썼나요? ·· ☐

▶ 질문에 대한 답이 모두 자연스럽게 연결되었나요? ····································· ☐

▶ 문어체[-(으)ㄴ/는다]로 글을 작성했나요? ··· ☐

▶ 문장이 자연스럽고, 맞춤법은 맞게 썼나요? ··· ☐

※ 다음 내용을 포함하여 '내가 이루고 싶은 꿈'이라는 제목으로 글을 쓰시오.

- 내가 이루고 싶은 꿈은 무엇입니까?
- 그 꿈을 이루기 위해 어떤 노력을 하고 있습니까?

(단, 답안지에 제목은 생략하고 <u>본문만</u> 쓰세요.)

☑ 체크리스트

▶ 질문에 대한 답을 모두 썼나요? ⋯⋯⋯⋯⋯⋯⋯⋯⋯⋯⋯⋯⋯⋯⋯⋯⋯⋯⋯⋯⋯⋯⋯ ☐

▶ 질문에 대한 답이 모두 자연스럽게 연결되었나요? ⋯⋯⋯⋯⋯⋯⋯⋯⋯⋯⋯⋯ ☐

▶ 문어체[–(으)ㄴ/는다]로 글을 작성했나요? ⋯⋯⋯⋯⋯⋯⋯⋯⋯⋯⋯⋯⋯⋯⋯⋯⋯ ☐

▶ 문장이 자연스럽고, 맞춤법은 맞게 썼나요? ⋯⋯⋯⋯⋯⋯⋯⋯⋯⋯⋯⋯⋯⋯⋯⋯ ☐

PART 4
종합평가
실전 모의고사

※ 다음 내용을 포함하여 '한국의 명절 정월 대보름'이라는 제목으로 글을 쓰시오.

- 정월 대보름의 의미는 무엇입니까?
- 정월 대보름에는 어떤 음식을 먹으며, 그 음식을 먹는 이유는 무엇입니까?
- 정월 대보름에는 어떤 풍습이 있습니까?

(단, 답안지에 제목은 생략하고 <u>본문만 쓰세요</u>.)

✅ **체크리스트**

▶ 질문에 대한 답을 모두 썼나요? .... ☐
▶ 질문에 대한 답이 모두 자연스럽게 연결되었나요? .... ☐
▶ 문어체[-(으)ㄴ/는다]로 글을 작성했나요? .... ☐
▶ 문장이 자연스럽고, 맞춤법은 맞게 썼나요? .... ☐

※ 다음 내용을 포함하여 '한국의 문화유산'이라는 제목으로 글을 쓰시오.

• 한국의 문화유산 중 소개하고 싶은 문화유산은 무엇입니까?

• 그 문화유산의 특징은 무엇입니까?

• 그 문화유산이 소개할 만큼 가치가 있는 이유는 무엇입니까?

(단, 답안지에 제목은 생략하고 <u>본문만 쓰세요.</u>)

✔ 체크리스트

▶ 질문에 대한 답을 모두 썼나요? ·· ☐

▶ 질문에 대한 답이 모두 자연스럽게 연결되었나요? ················· ☐

▶ 문어체[–(으)ㄴ/는다]로 글을 작성했나요? ····························· ☐

▶ 문장이 자연스럽고, 맞춤법은 맞게 썼나요? ··························· ☐

※ 다음 내용을 포함하여 '청년 실업'이라는 제목으로 글을 쓰시오.

- 청년 실업률이 높아지는 이유는 무엇입니까?
- 청년 실업률이 계속 높아지면 어떤 문제가 생깁니까?
- 청년 실업을 해결하기 위해서는 어떤 방법이 있습니까?

(단, 답안지에 제목은 생략하고 <u>본문만 쓰세요.</u>)

✔ 체크리스트

▶ 질문에 대한 답을 모두 썼나요? ··· ☐
▶ 질문에 대한 답이 모두 자연스럽게 연결되었나요? ································ ☐
▶ 문어체[–(으)ㄴ/는다]로 글을 작성했나요? ··· ☐
▶ 문장이 자연스럽고, 맞춤법은 맞게 썼나요? ··· ☐

※ 다음 내용을 포함하여 '스마트폰의 사용과 생활 모습'이라는 제목으로 글을 쓰시오.

- 스마트폰으로 무엇을 할 수 있습니까? 어떤 때에 스마트폰을 자주 사용합니까?
- 스마트폰의 장점과 단점은 무엇입니까?
- 스마트폰이 우리 생활에 주는 영향(변화)은 무엇입니까?

(단, 답안지에 제목은 생략하고 <u>본문만</u> 쓰세요.)

✔ **체크리스트**

▶ 질문에 대한 답을 모두 썼나요? ⋯⋯⋯⋯⋯⋯⋯⋯⋯⋯⋯⋯⋯⋯⋯⋯⋯⋯⋯⋯⋯ ☐

▶ 질문에 대한 답이 모두 자연스럽게 연결되었나요? ⋯⋯⋯⋯⋯⋯⋯⋯⋯⋯⋯ ☐

▶ 문어체[–(으)ㄴ/는다]로 글을 작성했나요? ⋯⋯⋯⋯⋯⋯⋯⋯⋯⋯⋯⋯⋯⋯⋯⋯ ☐

▶ 문장이 자연스럽고, 맞춤법은 맞게 썼나요? ⋯⋯⋯⋯⋯⋯⋯⋯⋯⋯⋯⋯⋯⋯⋯ ☐

※ 다음 내용을 포함하여 '환경오염'이라는 제목으로 글을 쓰시오.

- 최근 들어 특히 심각해진 환경오염은 무엇이라고 생각합니까?
- 그 오염이 발생하는 이유는 무엇입니까?
- 그 오염이 발생하지 않게 하기 위해 어떤 노력이 필요합니까?

(단, 답안지에 제목은 생략하고 <u>본문만</u> 쓰세요.)

✅ **체크리스트**

▶ 질문에 대한 답을 모두 썼나요? ⸱⸱ ☐

▶ 질문에 대한 답이 모두 자연스럽게 연결되었나요? ⸱⸱⸱⸱⸱⸱⸱⸱⸱⸱⸱⸱⸱⸱⸱⸱⸱⸱⸱⸱⸱⸱⸱⸱⸱⸱⸱⸱⸱⸱⸱⸱ ☐

▶ 문어체[–(으)ㄴ/는다]로 글을 작성했나요? ⸱⸱⸱⸱⸱⸱⸱⸱⸱⸱⸱⸱⸱⸱⸱⸱⸱⸱⸱⸱⸱⸱⸱⸱⸱⸱⸱⸱⸱⸱⸱⸱⸱⸱⸱⸱⸱ ☐

▶ 문장이 자연스럽고, 맞춤법은 맞게 썼나요? ⸱⸱⸱⸱⸱⸱⸱⸱⸱⸱⸱⸱⸱⸱⸱⸱⸱⸱⸱⸱⸱⸱⸱⸱⸱⸱⸱⸱⸱⸱⸱⸱⸱⸱⸱ ☐

시대에듀

사회통합프로그램 시리즈
완벽 대비

핵심 내용 쏙쏙! 개념 이해 튼튼!

무료 강의로 사회통합프로그램
한 번에 끝내기

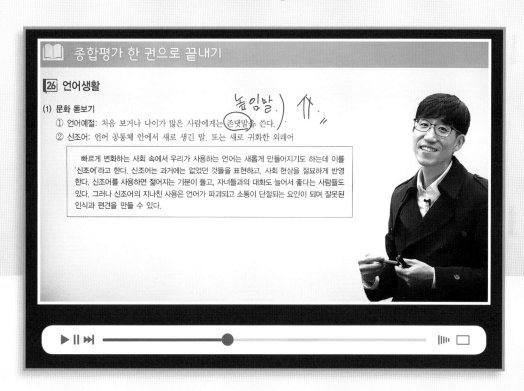

임준 선생님의 쉽고 친절한 강의,
지금 바로 사회통합프로그램 STUDY에서 확인하세요!

※ 강의 제목 및 커리큘럼은 바뀔 수 있습니다.

진정한 한국인이 되기 위한
합격의 공식

POINT 1 어휘력 향상을 위한 가장 효율적인 방법

어휘로 기초 다지기 문법으로 실력 다지기

• 체계적으로 익히는
  쏙쏙 한국어 어휘왕 TOPIK Ⅰ·Ⅱ

• 한국어 선생님과 함께하는
  TOPIK 한국어 문법 Ⅰ·Ⅱ

POINT 2 출제 경향에 맞추어 공부하는 똑똑한 학습법

핵심 이론 실전 모의고사 최신 기출문제 수록

• 영역별 무료 동영상 강의로 공부하는
  TOPIK Ⅰ·Ⅱ 한 번에 통과하기, 실전 모의고사, 쓰기, 말하기 표현·읽기 전략·쓰기 유형 마스터, 기출 유형 문제집

• 저자만의 특별한 공식 풀이법으로 공부하는
  TOPIK Ⅰ·Ⅱ 단기완성

법무부 주관 KIIP Korea Immigration & Integration Program

2025

사회통합
프로그램
중간평가·종합평가
작문시험

완전 정복

편저 | 사회통합교육연구회

정답 및 해설

시대에듀

CONTENTS

정답 및 해설

정답 및 해설

01. 글자 쓰기

 연습하기

❶ 원고지 답안

	대	한	민	국	의		1	인		가	구	는		25	%	로		전	년
대	비		1.	2	%		증	가	하	였	다	.							

풀이

대한민국의 1인 가구는 25%로 전년 대비 1.2% 증가하였다.
　　　　　　　　숫자는 한 칸에 두 자씩 쓰기　　　　소수점은 숫자와 함께 쓰기

❷ 원고지 답안

	14	43	년		세	종	대	왕	은		글	을		모	르	는		백	성
들	을		위	해		글	자	를		만	들	었	는	데		이	것	이	
바	로		한	글	이	다	.												

풀이

1443년 세종대왕은 글을 모르는 백성들을 위해 글자를 만들었는데 이것이 바로 한글이다.
숫자는 한 칸에 두 자씩 쓰기

❸ 원고지 답안

	대	한	민	국	은		영	어	로		R	ep	ub	li	c		of		K
or	ea	라	고		하	며	,		약		5,	10	0	만		명	이		살	고
있	다	.		수	도	는		서	울	이	며		사	계	절	이		뚜	렷	한
나	라	이	다	.															

풀이

대한민국은 영어로 Republic of Korea라고 하며, 약 5,100만 명이 살고 있다. 수도는 서울이며 사계절
　　　　　대문자는 한 칸에 한 자씩, 소문자는 한 칸에 두 자씩 쓰기　　쉼표는 숫자와 함께 쓰기　원고지 들여쓰기 ×
이 뚜렷한 나라이다.

02. 문장 부호 쓰기

연습하기

❶ 원고지 답안

	그	걸		잊	어	버	리	다	니	?		정	신	을		어	디	에	
두	고		다	니	는		것	일	까	!		정	말		이	해	할		수
없	는		일	이	구	나	.												

풀이

그걸 잊어버리다니? 정신을 어디에 두고 다니는 것일까! 정말 이해할 수 없는 일이구나.

물음표나 느낌표 다음은 한 칸 비우기 　　　　　물음표나 느낌표 다음은 한 칸 비우기

❷ 원고지 답안

	그	리	운		친	구	야	!		오	늘	은		네	가		무	척	이
나		보	고		싶	은		날	이	다	.		'	참	새	'	를		보	면
너	와	의		추	억	이		떠	오	른	다	.							

풀이

그리운 친구야! 오늘은 네가 무척이나 보고 싶은 날이다. '참새'를 보면 너와의 추억이 떠오른다.

문장 부호는 한 칸에 하나씩 쓰고, 따옴표는 한쪽에 몰아 쓰기

❸ 원고지 답안

	한	국	의		대	중	교	통	에	는		버	스	,	지	하	철	,	기
차	가		있	다	.	그	중	,	지	하	철	은		인	구	가		많	은
도	시	(	수	도	권	,	부	산	,	대	구	,	광	주	,	대	전		등
)	에	서	만		운	영	된	다	.										

풀이

한국의 대중교통에는 버스, 지하철, 기차가 있다. 그중, 지하철은 인구가 많은 도시(수도권, 부산, 대구,

괄호는 한 칸에 하나씩 쓰기

광주, 대전 등)에서만 운영된다.

03. 띄어쓰기

❶ 원고지 답안

	한	국	의		병	원	은		세		가	지		종	류	가		있	다.
의	원	과		보	건	소	는		1	차		병	원	이	다	.		병	원	과
종	합		병	원	은		2	차		병	원	이	다	.		상	급		종	합
병	원	은		3	차		병	원	이	다	.							

풀이

한국의 병원은 <mark>세 가지</mark> 종류가 있다. 의원과 보건소는 <mark>1차</mark> 병원이다. 병원과 종합 병원은 2차 병원이다.
　　　　　　　　단위 명사 띄어쓰기　　　　　　　　　　　숫자는 붙여 쓰기
상급 종합 병원은 3차 병원이다.

❷ 원고지 답안

	나	는		새	우	를		먹	을		수	가		없	다.			

풀이

나는∨ 새우를∨ 먹을∨ 수가∨ 없다.

❷ 원고지 답안

	휴	대	폰	을		산		지		일	주	일	이		되	었	다.	

풀이

휴대폰을∨ 산∨ 지∨ 일주일이∨ 되었다.

❸ 원고지 답안

| | 나 | 는 | | 김 | 치 | 찌 | 개 | 를 | | 끓 일 | | 줄 | | 안 | 다 | . | |

풀이

나는∨김치찌개를∨끓일∨줄∨안다.

❹ 원고지 답안

| | 다 | 음 | | 주 | 는 | | 가 | 족 | 과 | | 함 | 께 | | 제 | 주 | 도 | 에 | | 갈 |
| 것 | 이 | 다 | . | | | | | | | | | | | | | | | | |

풀이

다음∨주는∨가족과∨함께∨제주도에∨갈∨것이다.

❺ 원고지 답안

| | 흐 | 린 | | 것 | 을 | | 보 | 니 | | 내 | 일 | | 비 | 가 | | 올 | | 것 | |
| 같 | 다 | . | | | | | | | | | | | | | | | | | |

풀이

흐린∨것을∨보니∨내일∨비가∨올∨것∨같다.

❻ 원고지 답안

| | 나 | 의 | | 그 | 림 | | 실 | 력 | 은 | | 모 | 두 | 가 | | 다 | | 알 | | 만 |
| 큼 | | 뛰 | 어 | 나 | 다 | . | | | | | | | | | | | | | |

풀이

나의∨그림∨실력은∨모두가∨다∨알∨만큼∨뛰어나다.

04. 문어체 사용하기

❶ 원고지 답안

	지	난		1	년		간		한	국	어	를		열	심	히		공	부
했	다	.																	

풀이

지난 1년 간 한국어를 열심히 공부하다.
　과거　　　　　　　　　　　　공부하다 → 공부했다

❷ 원고지 답안

	오	늘		부	모	님	과		외	식	을		한	다	.				

풀이

오늘 부모님과 외식을 하다.
　현재　　　　　외식을 하다 → 외식을 한다

❸ 원고지 답안

	다	음		주	에		고	향	에		갈		것	이	다	.			

풀이

다음 주에 고향에 가다.
　미래　　　고향에 가다 → 고향에 갈 것이다

❹ 원고지 답안

	작	년	에	는		혼	자		갔	다	.	그	렇	지	만		이	번	에
는		친	구	와		함	께		간	다	.								

풀이

작년에는 혼자 가다. 그렇지만 이번에는 친구와 함께 가다.
　과거　　　　　　가다 → 갔다　　　현재　　　　　　　가다 → 간다

❺ 원고지 답안

	지	난	주	에		신	발	을		새	로		샀	다	.		내	일		그
신	발	을		신	고		친	구	를		만	나	러		갈		것	이	다	.	

풀이

지난주에 신발을 새로 사다. 내일 그 신발을 신고 친구를 만나러 가다.
  과거   사다 → 샀다   미래   만나러 가다 → 만나러 갈 것이다

연습하기 2

❶ 원고지 답안

	어	제		본		영	화	는		재	미	없	었	다	.					

풀이

어제 본 영화는 재미없다.
  과거   재미없다 → 재미없었다

❷ 원고지 답안

	지	금		마	시	기	에	는		너	무		뜨	겁	다	.				

풀이

지금 마시기에는 너무 뜨겁다.
  현재   뜨겁다 (O)

❸ 원고지 답안

	나	는		내	일		늦	을		것	이	다	.							

풀이

나는 내일 늦다.
       미래   늦다 → 늦을 것이다

❹ 원고지 답안

	내	일		정	월		대	보	름	에	는		전	국	에		눈	이	
내	리	면	서		보	름	달	을		감	상	하	기	가		어	려	울	
것	이	다	.																

풀이

내일 정월 대보름에는 전국에 눈이 내리면서 보름달을 감상하기가 어렵다.
　미래　　　　　　　　　　　　　　　　　　　　　　　　　어렵다 → 어려울 것이다

❺ 원고지 답안

	현	재		취	업	에		어	려	움	을		겪	는		청	년	이	
많	다	.		그	래	서		청	년	을		위	한		일	자	리		정	책
이		필	요	하	다	.													

풀이

현재 취업에 어려움을 겪는 청년이 많다. 그래서 청년을 위한 일자리 정책이 필요하다.
　현재　　　　　　　　　　　　많다 (O)　　　　　　　　　　　　　　　필요하다 (O)

◀ 연습하기 3

❶ 원고지 답안

	그		김	밥	은		내	가		예	전	에		자	주		먹	던	
김	밥	이	었	다	.														

풀이

그 김밥은 내가 예전에 자주 먹던 김밥일 것이다.
　　　　　　　　　　과거　　　　　　김밥일 것이다 → 김밥이었다

❷ 원고지 답안

	나	의		고	향	은		캄	보	디	아	다	.						

풀이

나의 고향은 캄보디아다.
　　　　　　　현재, 캄보디아다 (O)

❸ 원고지 답안

	아	마		다	음		주	가			면	접	시	험	일		것	이	다	.

풀이

아마 다음 주가 면접시험이다.
　　　미래　　　　　면접시험이다 → 면접시험일 것이다

❹ 원고지 답안

	어	제	는		너	무		즐	거	운		하	루	였	다	.		내	일	도
즐	겁	고		행	복	한		하	루	가		될		것	이	다	.			

풀이

어제는 너무 즐거운 하루다. 내일도 즐겁고 행복한 하루가 되다.
　과거　　　　　하루다 → 하루였다　미래　　　　　　　　　　　되다 → 될 것이다

❺ 원고지 답안

	그	는		네	덜	란	드		사	람	이	다	.		그	리	고			5	년
전	에		한	국	에		왔	다	.												

풀이

그는 네덜란드 사람이다. 그리고 5년 전에 한국에 오다.
　　　현재, 사람이다 (O)　　　　　과거　　　　　오다 → 왔다

PART 2

주제별 유형 익히기

01. 전통 문화

1. 한국의 명절

생각 정리하기

구분	예 한국의 추석	예 고향의 중추절
날짜	음력 8월 15일	음력 8월 15일
의미	수확을 앞두고 풍년을 기원하는 날	가족의 건강과 평안을 기원하는 날
음식	송편	월병
의식	보름달을 보고 소원을 빎	달을 구경하고 소원을 빎

어휘 더하기 **1.** 단오 **2.** 부럼을 **3.** 설빔이라고

문장 만들기
1. ㉠ 가장 중요한 명절인
ㄴ 오곡밥을 먹으며
ㄷ 부스럼이 생기지 않도록 기원한다

2. 1) 동지에는 팥죽을 먹습니다.
2) 설날에 웃어른께 세배를 하면 세뱃돈을 받습니다.
3) 정월 대보름은 음력 1월 15일입니다.
4) 단오에는 씨름이라는 전통 놀이를 즐겨 합니다.

2. 한국의 의복

구분	한국	예 몽골
이름	한복	델(Deel)
기본 구성	바지(남자), 치마(여자), 저고리, 조끼, 두루마기, 장옷	몸통을 감싸는 긴 로브 형태(Biye), 치마(Khormoi), 소매(Khantsui), 깃(Zakh), 허리띠(Büs)
입는 방법	1. 속바지와 속치마를 입는다. 2. 바지나 치마를 입은 후 버선을 신는다. 3. 저고리를 입고 고름을 맨다. 4. 남자는 조끼를 입는다. 5. 외출할 때, 두루마기나 장옷을 입는다.	1. 델은 왼쪽에서 오른쪽으로 둘러 입는다. 2. 소매나 끝부분은 깔끔하게 정리한다. 3. 허리띠는 단단히 묶어 풀리지 않도록 한다. 4. 모자, 조끼, 장화 등을 갖추어 입는다.
소재	여름에는 삼베와 모시, 겨울에는 무명과 비단	여름에는 가벼운 면이나 실크, 겨울에는 따뜻한 양모나 가죽

어휘 더하기

1. 저고리라고   **2.** 결혼식이나   **3.** 신분

문장 만들기

1. ㉠ 입고 벗기가 쉽다

ㄴ 활동하기에 편하고

ㄷ 단점이 되기도 한다 / 단점이 있다

ㄹ 특별한 날에만 한복을 입는다

2. 1) 여름에는 삼베와 모시로 한복을 만들어 입습니다.

2) 겨울에는 무명과 비단으로 한복을 만들어 입습니다.

3) 여자 한복에는 치마와 저고리가 있습니다.

4) 현대에는 특별한 날이나 명절에 한복을 입습니다.

3. 한국의 문화유산

생각 정리하기 예 중국

1. 만리장성(1987년)

2. 자금성(1987년)

3. 진시황릉(1987년)

4. 우이산(1999년)

5. 쓰촨 판다 보호구역(2006년)

어휘 더하기 **1.** 불교는   **2.** 유교와   **3.** 과학 기술

문장 만들기 **1.** ㉠ 과학 기술의 발전을 중요하게 생각해

ㄴ 백성들의 생활에 큰 도움이 되었다

ㄷ 훈민정음을 창제하여

2. 1) 문화유산에는 다양한 형태가 있습니다.

2) 세계유산은 보편적 가치가 있는 유산을 의미합니다.

3) 무형유산은 우리 눈에 보이지 않는 유산을 의미합니다.

4. 한국의 상징

생각 정리하기

구분	한국	예 스페인
국기	태극기	Rojigualda
국화	무궁화	Clavel
국가	애국가	El Himno Real
문자	한글	Español

어휘 더하기 **1.** ㄷ   **2.** ㉠   **3.** ㄴ

1. ㉠ 흰 바탕과 태극 문양, 네 모서리의 검은색 4괘로

ⓒ 나라를 사랑하는 국민의 마음을 담은 노래라는

ⓒ 영원한 생명력을 지녀 피고 지더라도 또다시 피는 꽃이라는

2. 1) 대한민국이라는 이름에는 국민을 위한 나라라는 뜻이 있습니다.

2) 태극 문양은 존귀와 희망을 상징합니다.

3) 무궁화는 한국인의 끈기와 의지를 상징합니다.

4) 훈민정음은 1443년 세종대왕이 창제했습니다.

5. 한국의 문화생활

생각 정리하기

1. 30분 이내에 버스나 지하철을 갈아타면 추가로 돈을 내지 않아도 되는 대중 교통 환승 시스템이 있다.

2. 한국의 나이 문화에는 반말과 존댓말이 있다.

3. 식당에서 반찬을 다 먹으면 계속 담아 주는 문화가 있다.

어휘 더하기

1. 대중문화는   **2.** 아이돌이라고   **3.** 한류   **4.** 휴식이

문장 만들기

1. ㉠ 일이나 사회적 성공보다

ⓒ 워라밸이라는

2. 1) 2018년에 국민여가활성화기본법이 제정되었습니다.

2) 워라밸은 일과 삶의 균형이라는 뜻입니다.

3) 대중 매체에는 책, 라디오, 텔레비전 등이 있습니다.

4) 한류 덕분에 한국의 대중문화가 해외에서 인기를 끌고 있습니다.

02. 건강과 가족

1. 건강을 지키는 방법

생각 정리하기

1. 매일 30분씩 줄넘기하기

2. 하루에 물 2L 마시기

3. 일찍 자고 일찍 일어나기

어휘 더하기

1. 균형 있는 식단이   **2.** 유산소 운동을   **3.** 스트레스는

문장 만들기

1. ㉠ 실외 활동을 줄이고
   ㉡ 마스크를 써야 한다
   ㉢ 곧바로 손을 씻으며

2. 생활 습관

생각 정리하기

좋은 생활 습관	나쁜 생활 습관
1. 안 입는 옷 기부하기	**1.** 늦게 자기
2. 정리정돈하기	**2.** 폭식하기
3. 비타민 챙겨 먹기	**3.** 밤늦게까지 게임하기

어휘 더하기

1. 스트레칭하기는   **2.** 목표 달성   **3.** 잘못된 생활 습관과

문장 만들기

1. ㉠ 생활 습관병이 생길 수 있다
   ㉡ 치료하기가 어렵기 때문에
   ㉢ 노력해야 한다

2. 1) 좋은 습관이 나의 미래를 바꿉니다.
   2) 매일 운동하는 것은 좋은 습관입니다.
   3) 늦게 자는 것은 안 좋은 습관입니다.
   4) 건강을 관리하는 좋은 습관을 만들어야 나의 건강을 지킬 수 있습니다.

3. 사건과 사고

생각 정리하기

1. 트럭(또는 자동차)과 사람이 부딪혀서 교통사고가 났다.

2. 길이 미끄러워서 넘어졌다.

3. 건물에 화재가 발생했다.

어휘 더하기

1. ⓒ **2.** ⓛ **3.** ⓜ

4. ⓔ **5.** ⓐ

문장 만들기

1. 1) 어젯밤 10시쯤 고시원에서 발생한 화재에 대한 기사이다.

2) 어젯밤 10시, 에듀시 고시원에 화재가 발생하여 고시원에 거주하는 주민 20여 명이 대피했다. 다행히 스프링클러가 작동하여 큰 피해는 없었으며, 경찰은 방화 용의자를 체포하여 정확한 방화 원인을 조사하고 있다.

4. 내가 좋아하는 가족의 형태

생각 정리하기

확대가족	핵가족
1. 할머니, 할아버지, 부모님 모두가 함께 모여 산다. **2.** 서로의 생활에 깊은 관심을 보이며, 함께 생활한다. **3.** 전통적 가치와 문화를 유지하는 것을 중요하게 생각한다.	**1.** 부부와 미혼 자녀가 함께 산다. **2.** 각자의 생활을 중요하게 생각한다. **3.** 개인의 자유와 선택을 중요하게 생각한다.

어휘 더하기

1. ⓐ 세대 ⓛ 핵가족은 ⓒ 맞벌이를

문장 만들기

1. 1) 확대가족은 자녀가 결혼한 이후에도 따로 살지 않고 부모와 함께 사는 가족이다.

2) 핵가족은 부모와 결혼하지 않은 자녀로 이루어진 가족이다.

5. 변화하는 가족 ————————————————————————

생각 정리하기 정보통신의 발달로 세계 여러 나라 사람들과 다양한 문화를 빠르고 쉽게 공유할 수 있게 되었다. 또, 자신만의 공간 확보를 더 중요히 여기게 되었고, 계속 증가하는 물가로 결혼을 포기하는 사람도 늘었다. 이처럼 가족의 형태가 다양해진 데에는 여러 가지 사회적 · 경제적 · 문화적 요인이 작용하였다.

어휘 더하기 **1.** ㉠　　　　**2.** ㉢　　　　**3.** ㉣

4. ㉤　　　　**5.** ㉡

문장 만들기 **1.** 1) 부부가 모두 일을 하는 맞벌이 부부를 대신하여 아이를 병원에 데리고 가 주는 서비스 안내에 대한 기사이다.

2) 독거노인, 한 부모 가족과 같이 혼자 사는 사람들에게도 필요한 정책인 것 같다.

03. 교육과 취업

1. 한국의 교육열

생각 정리하기

장점	단점
1. 전문적인 인재가 많다. **2.** 국가 경제 성장에 도움을 준다.	**1.** 학업에 집중하다 보면 친구 관계가 줄고, 다른 사람과 교류하지 못하고 혼자 따로 떨어져 있는 느낌을 받을 수 있다. **2.** 가족의 경제 상황에 따라 사회의 불평등이 생길 수 있다.

어휘 더하기   ㉠ 입시 전쟁이   ㉡ 사교육비   ㉢ 경제적 부담

문장 만들기   **1.** 높은 교육열로 대학을 졸업한 사람은 많으나 이들 대부분이 실업 상태로 지내거나 만족스러운 일을 하지 못하는 등의 문제가 나타나고 있다.

2. 한국의 사교육

생각 정리하기

한국	예 일본
1. 학생들의 대학 진학률이 높은 수준이다. **2.** 사교육을 많이 한다. **3.** 대학 입학을 목표로 공부를 한다.	**1.** 일본의 교육제도는 6-3-3-4를 기본으로 한다. **2.** 일본의 학원은 '주쿠'라고 불리며, 고등학생이 되면 다니는 경우가 많다. **3.** 좋은 대학 진학을 목표로 과외를 받는 경우도 많다.

어휘 더하기   ㉠ 공교육   ㉡ 학업 스트레스를   ㉢ 경제력

문장 만들기   **1.** 1) 자녀가 또래 아이들에 비해 뒤처질까 봐 두려워서 초등학교 입학 이전부터 사교육을 시작하는 학부모가 많다.
2) 어린 나이부터 시작되는 공부는 아이들의 성장과 발달에 나쁜 영향을 미칠 수 있다. 그리고 학업 부담에 스트레스를 받기도 할 것이다.

3. 내 인생에서 가장 중요한 시험

생각 정리하기

1. 영어 시험(TOEIC, TOEFL, TEPS 등)

2. 운전면허시험

3. 한국어능력시험(TOPIK)

어휘 더하기

1. ㄹ

2. ㄷ

3. ㄴ

4. ㄱ

5. ㅁ

문장 만들기

1. 1) 중국은 매년 6월 초순에 이틀간 가오카오라고 하는 대학 입학 시험을 친다. 가오카오 당일에는 학부모와 선생님들이 합격을 기원하는 치파오를 입고 학생들을 응원하기도 한다.

2) 일본은 매년 1월 중순에 이틀간 센터시험이라고 하는 대학입학공통테스트를 친다. 주로 국공립대학교에 진학을 희망하는 학생들이 치는 시험이다.

3) 미국은 1년에 약 7번 정도 SAT 시험을 친다. 원하는 달에 시험을 치를 수 있다.

4) 프랑스는 6월 중순에 약 일주일간 바칼로레아라는 시험을 친다. 한국의 논술시험과 비슷하지만 답이 정해지지 않은 철학적 문제가 출제된다. 일정한 점수 이상을 얻으면 원하는 전공의 대학을 배정받을 수 있다.

4. 취업

생각 정리하기 불안정한 고용 시장으로 일자리가 줄면서 취업하기가 어려워 졸업을 미루거나 일을 하지 못하고 쉬는 청년이 늘고 있다.

어휘 더하기 ㉠ 일자리 ㉡ 취업 ㉢ 정보를

문장 만들기
1. 1) 실업자 중 절반 이상이 청년층이며, 불완전 취업 상태인 청년들도 늘고 있다는 것이다.
2) 불완전 취업 상태를 줄이고, 청년층 고용률을 높이기 위해서는 공공부문 일자리 확대 및 청년 고용 확대 등 청년들에게 실질적인 도움이 되는 정부의 정책이 필요하다.

5. 직장생활의 어려움

생각 정리하기
1. 직장 동료들과의 관계
2. 한국어 의사소통
3. 업무의 양

어휘 더하기 ㉠ 대인 관계 ㉡ 취미 활동을 ㉢ 전문가

문장 만들기
1. 1) 한국의 직장 문화는 질서를 중요하게 생각한다. 그래서 상사의 지시에 따라 일을 하며, 직급과 나이에 따라 존댓말을 사용한다. 또 회사 사람들과 가까워지기 위한 회식이 많은데, 최근에는 술자리 대신 문화생활을 하는 경우도 많아졌다.
2) 우리 고향과 비교하면 근무시간이 다르다. 한국의 기본 근로시간은 하루 8시간, 주 40시간, 최대 52시간이다. 그러나 우리나라는 주 38시간, 최대 40시간이다.

2. 1) 대인 관계에 스트레스를 받는 직장인이 많습니다.
2) 직장 상사와의 상하 관계가 어렵습니다.
3) 일과 대인 관계 사이의 균형이 중요합니다.

04. 소비와 경제

1. 물가 변동 ──────────────────────

생각 정리하기 물가가 변하는 이유는 돈의 양의 늘어나기 때문이다. 돈의 양이 늘면 돈의 가치가 떨어지므로 어떤 물건을 살 때 돈을 더 많이 줘야 한다. 그렇게 되면 물건의 가격이 비싸지고 물가가 오르게 되는 것이다.

어휘 더하기 ㉠ 환율과　　　　　㉡ 상승률은　　　　　㉢ 물가 안정

문장 만들기 **1.** 물가가 계속 상승하면 생필품 구매나 외식을 하는 비중이 줄 것이다. 그리고 가정에 따라서는 저축과 생활비 마련조차 힘들어질 수도 있다.

2. 나의 소비생활 ──────────────────────

생각 정리하기 나는 절약을 위해 필요한 물건이 있으면 먼저 중고 물품 거래 앱(App)에 들어가 확인을 해 본다. 새 상품이 올라오는 경우도 있기 때문에 꼼꼼하게 비교해 보고, 구입하면 많은 돈을 절약할 수 있기 때문이다.

어휘 더하기 ㉠ 재사용　　　　　㉡ 친환경　　　　　㉢ 절약

문장 만들기 **1.** 1) 사고 싶은 물건이 생겼을 때 바로 사지 말고 장바구니에 담아 놓고 생각해 보는 것이 필요하다. 또한 같은 물건이라고 하더라도 판매하는 곳에 따라 가격이 다를 때가 있기 때문에 구매하고자 하는 물건에 대한 정보를 많이 찾아보는 것도 좋다.

2) 사고 싶은 물건이 있다면 세일이나 할인할 때를 기다려서 사는 편이다. 그리고 돈을 쓰기 전에 미리 계획을 해 놓는다면 충동적으로 구매하는 것을 막을 수 있다.

3. 에너지 절약 방법

생각 정리하기

1. 집을 오래 비울 경우, 가스와 전기는 차단해 둔다. 그리고 사용하지 않는 전기 콘센트는 뽑아 놓는다.

2. 여름에는 에어컨보다 선풍기를 사용하려고 노력하며, 겨울에는 옷을 따뜻하게 입어 난방기 사용을 줄이려고 한다.

어휘 더하기

1. 낭비하지　　**2.** 빼 두면　　**3.** 막기 위해서 / 막으려면

문장 만들기

1. 1) 집에서 세탁기를 사용할 때, 세탁물 온도를 찬물로 설정하면 에너지를 절약할 수 있다.

2) 사무실에서 휴대용 전자제품의 충전이 완료되면 플러그를 빼야 한다.

3) 공공장소에서는 추우면 옷을 입어서 실내 온도를 적정하게 유지해야 한다.

4. 시장경제체제

생각 정리하기

시장경제체제를 기본으로 운영하고 있지만 정부의 개입이 큰 편이다. 혼합경제체제라고 할 수 있다.

어휘 더하기

㉠ 경제 활동을　　㉡ 경제 발전　　㉢ 통제　　㉣ 공평한 분배

문장 만들기

1. 1) 두 체제 모두 사유 재산을 기본으로 하며, 자유로운 시장 경쟁을 중요하게 생각한다. 그리고 이윤 추구를 핵심으로 생각하며, 노동 시장을 통해 노동력을 거래하고 이에 따라 임금을 지급하는 방식으로 경제활동을 한다는 특징이 있다.

2) 두 체제는 공통적으로 중앙(정부)에서 모든 것을 계획하고 자원을 배분한다. 국가나 사회 공동체에 의해 토지, 공장 등이 소유되며 사회적 평등을 강조한다.

5. 자산 관리와 노후 준비

생각 정리하기

우리나라에서는 전통적으로 노후를 준비하기 위해 저축을 한다. 돈이 많은 사람들은 개인 연금 상품에 가입하기도 한다.

어휘 더하기

㉠ 금리라고, 금리와   ㉡ 이자   ㉢ 노후를

문장 만들기

1.
1) 초고령화 사회에 진입하여 노후 대비가 더욱 중요해졌다는 내용의 기사이다.
2) 대한민국 연금에는 국민연금, 주택연금, 개인연금 등이 있다.

2.
1) 평균 수명이 늘어나면서 노후 자산 관리가 더욱 중요해졌습니다.
2) 적금은 일정 금액을 일정 기간 납입하는 방식입니다.
3) 주식은 수익을 얻으면 배당금을 받는 방식입니다.
4) 보험은 보험료를 미리 내어 미래에 생길 위험에 대비하는 제도입니다.

05. 환경 보호

1. 쓰레기 분리배출

생각 정리하기 자원을 효율적으로 사용할 수 있고, 환경이 오염되지 않도록 보호하는 역할을 하기 때문에 쓰레기를 분리배출한다.

어휘 더하기
1. 내용물 버리기 → 깨끗하게 씻기 → 라벨 제거하기

2. 테이프나 스티커 제거하기 → 펴서 버리기

3. 병 뚜껑 분리하기, 라벨 제거하기

문장 만들기 **1.** 음식물이 묻은 용기는 재활용이 안 됩니다. 재활용을 하려면 내용물을 비우고 깨끗하게 씻어 주세요.

2. 환경 보호 실천 방법

생각 정리하기 나는 매일 대중교통을 이용하여 출퇴근을 한다. 그리고 텀블러와 다회용기를 들고 다니면서 일회용품 사용을 줄이기 위해 노력하고 있다.

어휘 더하기 **1.** 수질오염   **2.** 대기오염   **3.** 토양오염   **4.** 감각공해

문장 만들기 **1.** 1) 텀블러를 사용하고, 포장 용기는 미리 준비하면 일회용품 사용을 줄일 수 있다.

2) 유리병은 깨끗하게 씻어서 다시 사용할 수 있고, 택배나 배달로 오는 아이스 팩도 모아 두었다가 다시 사용할 수 있다.

3) 분리배출을 해서 재활용을 할 수 있고, 폐현수막을 모아 바느질을 하여 예쁜 가방으로 만들 수 있다.

4) 매일 가계부를 작성하면 필요하지 않은 물건을 사지 않을 수 있다. 또 바로 사는 것보다 물건을 대여하거나 중고 물품을 먼저 찾아보는 습관을 기르는 것도 좋다.

2. 1) 매년 6월 5일은 세계 환경의 날입니다.

2) 제로웨이스트란 0에 가깝게 쓰레기를 배출하는 활동입니다.

3) 플로깅이란 조깅을 하며 쓰레기를 줍는 활동입니다.

4) 업사이클링이란 버려진 쓰레기를 활용하여 가방이나 옷 등 새로운 물건 으로 만들어 다시 사용할 수 있도록 하는 활동입니다.

3. 지구 온난화

생각 정리하기 도시가 산업화로 변하면서 공장, 기계가 많이 만들어졌고, 거기에서 나오는 온실 가스 배출량이 커지면서 지구 온난화가 발생하게 되었다.

어휘 더하기 ㉠ 한파가 ㉡ 폭우가 ㉢ 폭염이 ㉣ 자연재해는

문장 만들기 **1.** ㉠ 환경오염 때문이라고 한다

㉡ 정부와 개인의 노력이 필요하다

㉢ 지속 가능한 미래를 만들어야 한다

2. 1) 기후 변화의 원인은 지구 온난화입니다.

2) 지구 온난화는 가뭄, 홍수, 태풍 등 심각한 기상 현상을 발생시킵니다.

3) 지구 온난화를 막으려면 온실가스를 줄여야 합니다.

4) 환경오염이 더 심각해지고 있기 때문에 환경오염을 줄일 수 있는 대책이 필요합니다.

4. 쓰레기 종량제 봉투

생각 정리하기

일반 쓰레기	주 1~2회 정해진 날짜에 쓰레기를 배출해야 하며, 지역마다 배출일이 다를 수 있다.
음식물 쓰레기	음식물 쓰레기는 전용 용기에 담아 배출해야 한다. 일반 쓰레기처럼 배출일이 정해져 있다.
재활용 쓰레기	재활용 분리배출을 까다롭게 하고 있으며 지역마다 분리배출 규칙이 다르다. 하지만 보통 한국처럼 플라스틱은 깨끗하게 씻어서 배출하고, 종이는 펼친 후에 버려야 한다.

어휘 더하기

1. 재활용 쓰레기는

2. 음식물 쓰레기 종량제 봉투

3. 쓰레기봉투

4. 아무데나 버리지 말고

문장 만들기

1. ㉠ 음식물 쓰레기 종량기라고 한다
ㄴ 가정이나 가게에서
ㄷ 쓰레기의 양을 줄일 수 있을 뿐만 아니라 환경을 보호할 수도 있다

5. 층간소음

생각 정리하기
우리 고향은 단독 주택이 많기 때문에 고향에서 층간소음을 경험해본 적이 없었다. 그런데 한국에 와서는 TV 소리, 시끄럽게 떠드는 소리, 뛰어다니는 소리 등의 층간소음을 많이 경험하였고, 그때마다 너무 시끄러워서 스트레스를 많이 받았었다. 그때 나만의 해결 방법은 쪽지를 써서 이웃집 문에 붙여 놓는 것이었다. 그렇게 하니 전보다 층간소음이 많이 줄어든 것 같아 괜찮은 방법이라고 생각한다.

어휘 더하기   ㉠ 뛰는 소리가   ㄴ 발걸음 소리가   ㄷ 예방하기   ㄹ 슬리퍼를 신으며

문장 만들기

1. 옛말에 "가까운 이웃이 먼 친척보다 낫다."고 하는데, 어느 순간 그런 이웃 간의 정은 사라지고, 이웃과 나눌 수 있는 건 층간소음으로 인한 안 좋은 문제뿐이다.

06. 정치와 법

1. 법을 지켜야 하는 이유

생각 정리하기 법을 지키지 않으면 범죄와 불법 행위가 증가하여 사회의 질서가 무너질 수 있다.

어휘 더하기

1. 경범죄는

2. 재한외국인처우기본법이라고

3. 자유와 권리를 / 권리와 자유를

문장 만들기

1. 국민들이 상황에 맞는 법을 더 쉽게 찾아볼 수 있도록

2. 1) 법을 지키지 않으면 다른 사람에게 큰 피해를 줄 수 있습니다.
2) 사회와 국가를 위해 준법정신을 갖춰야 합니다.
3) 법은 사람들이 지켜야 하는 규칙이므로 사회 구성원들의 공동생활에 기준이 됩니다.

2. 정치 참여 방법

생각 정리하기 우리 고향에서는 하나는 지역구 후보에게, 다른 하나는 정당에게 총 두 표를 줄 수 있다. 이를 비례대표제라고 한다.

어휘 더하기

㉠ 후보 등록　　　　　㉡ 선거 홍보
㉢ 선거일에 선거인 명부 확인
㉣ 투표　　　　　㉤ 개표

문장 만들기

1. 1) 유권자의 투표 참여를 높이기 위해서이다
2) 선거일 전 5일부터 2일간 사전투표소에서 할 수 있다
3) 공관에 설치되며, 선거 기간 중 기간을 정하여 인터넷 홈페이지 등에 공고해야 한다

2. 1) 가장 대표적인 정치 참여 방법에는 투표가 있습니다.
2) 보통 선거는 일정한 연령이 되면 투표할 수 있는 권리입니다.
3) 평등 선거는 똑같이 한 표씩 투표할 수 있는 권리입니다.
4) 비밀 선거는 투표의 내용을 본인 이외에 알 수 없는 권리입니다.
5) 직접 선거는 본인이 직접 투표할 수 있다는 권리입니다.

3. 삼권분립과 권력

생각 정리하기 각 권력 기관이 서로를 견제하면서 공정하게 국가를 운영할 수 있도록 하기 위해 삼권분립이 필요하다.

어휘 더하기 **1.** 국회라고   **2.** 정부라고   **3.** 법원이라고

문장 만들기 **1.** 1) 어느 한 곳에 권력이 집중되는 것을 막기 위한 것이다

2) 법률을 제정하고 예산을 심의하는 기관이며

3) 안정과 발전을 위해 꼭 필요하다

2. 1) 민주주의는 국민이 국가의 주인이라는 의미입니다.

2) 삼권 분립은 서로 견제하며 권력의 균형을 이룹니다.

3) 행정부는 대통령, 국무총리, 행정 각부 등으로 구성됩니다.

4. 저출산(저출생)과 고령화

생각 정리하기 학업과 취업의 지연으로 인한 불안정한 고용 상황과 물가 상승으로 아이를 낳지 않는 사람들이 많다.

어휘 더하기 **1.** 초고령화 사회   **2.** 노인 인구   **3.** 저출생

문장 만들기 **1.** 1) 신생아 감소와 고령 인구의 증가로 세대 갈등과 사회적 문제가 발생하고 있다.

2) 정부는 부실한 대학은 정리하고 국민연금 제도의 개혁과 함께 노인복지 정책을 강화할 필요가 있다.

2. 1) 출생률은 감소하는데 노인 인구는 증가하고 있습니다.

2) 고령화의 증가는 노동 인구의 감소를 말합니다.

3) 불안정한 고용 환경으로 결혼을 포기하는 청년들이 늘고 있습니다.

4) 사교육비 지출 부담이 커서 아이를 낳지 않는 사람들도 있습니다.

5. 근로자 보호 제도

생각 정리하기 나는 산업재해보상보험과 같이 근로자의 안전을 보장하는 것이 가장 우선이라고 생각한다. 따라서 근로자가 업무 중에 다치거나 질병에 걸렸을 때 안전과 건강을 보장할 수 있는 제도를 마련하는 게 가장 중요할 것 같다.

어휘 더하기 **1.** ㉡   **2.** ㉠   **3.** ㉢

문장 만들기 **1.**
1) 정부가 직접 운영하는 은퇴상품인 국민연금으로 소득이 있을 때 매달 보험료를 납부하고 나이가 들거나 장애 등으로 소득이 중단되었을 때 급여를 받는 제도이다
2) 건강보험으로 개인이 다치거나 병이 생겨서 치료가 필요할 때 의료비의 부담을 줄여주기 위한 제도이다
3) 산업재해보상보험으로 업무상 발생한 재해(질병, 상해, 사망 등)에 대해 근로자와 그 가족의 생활을 보장하기 위한 제도이다
4) 고용보험으로 근로자가 실직했을 때 급여와 직업훈련을 받으면서 생활안정과 재취업을 대비할 수 있는 제도이다

제1회 실전 모의고사

◆ 내가 좋아하는 계절

나	는		한	국	의		사	계	절		중		겨	울	을		가	장
좋	아	한	다	.		눈		내	리	는		풍	경	이		아	름	답	고	,
스	키	도		탈		수		있	기		때	문	이	다	.		또		크	리
스	마	스	나		연	말	에		사	람	들	과		모	여		맛	있	는
것	을		먹	고		이	야	기	하	는		것	도		즐	겁	다	.

아래와 같이 다른 답안도 쓸 수 있어요!

예시답안 ❶

나는 한국의 사계절 중 봄을 가장 좋아한다. 날씨가 따뜻해지면서 꽃이 피기 때문이다. 그래서 나는 봄이 되면 공원에 자주 간다. 봄에 공원에 가면 예쁜 꽃을 볼 수가 있어서 참 좋다.

예시답안 ❷

나는 한국의 사계절 중 여름을 가장 좋아한다. 바다 수영을 좋아해서 여름이 되면 마음껏 수영할 수 있기 때문이다. 또 해가 길어서 좋고, 다른 계절보다 옷차림이 가벼워져 활동하기에 좋다.

예시답안 ❸

나는 한국의 사계절 중 가을을 가장 좋아한다. 가을은 바람도 시원하고 미세 먼지도 없다. 그리고 단풍과 은행이 예쁘게 물들기 시작한다. 그래서 단풍 구경을 하러 친구들과 등산을 간다.

◆ 내가 좋아하는 여행지

	나	는		부	산	을		가	장		좋	아	한	다	.		해	운	대	나
광	안	리		같	은		바	닷	가	에	서		물	놀	이	를		할		
수		있	기		때	문	이	다	.		또		국	제		영	화	제	나	
불	꽃	놀	이		축	제		등		다	양	한		행	사	가		자	주	
열	리	고	,	맛	집	도		많	아	서		여	행	하	기	에		좋	다	.

아래와 같이 다른 답안도 쓸 수 있어요!

예시답안 ❶

나는 강원도를 가장 좋아한다. 강원도는 여름에도 무척 시원하다. 그리고 산과 바다를 모두 볼 수 있는 여행지이다. 특히 동해로 가면 해돋이를 볼 수 있어서 강원도를 여행지로 추천한다.

예시답안 ❷

여수를 가장 좋아한다. 전라남도에 위치한 여수는 밤이 되면 바다 위 다리에서 불빛이 반짝여 더욱 아름답다. 그리고 바다 위에서 여수를 한눈에 볼 수 있는 오동도 케이블카도 추천한다.

예시답안 ❸

나는 제주도를 가장 좋아한다. 제주도에는 해수욕장이 많아서 여름에 물놀이를 할 수 있다. 그리고 몸국, 고기 국수와 같은 제주도에서만 먹을 수 있는 특색 있는 음식도 즐길 수 있다.

◆ 고치고 싶은 나쁜 습관

나	는		부	정	적	인		상	황	을		먼	저		떠	올	리	는
습	관	이		있	다	.	그	럴		때	마	다		걱	정	거	리	를
종	이	에		적	으	면	서		스	트	레	스	를		줄	이	려	고
노	력	한	다	.	또		감	사		일	기	를		쓰	는		것	도
긍	정	적	인		생	각	을		하	는		데		도	움	이		된	다.

아래와 같이 다른 답안도 쓸 수 있어요!

예시답안 ❶

나는 할 일을 미루는 습관이 있다. 이를 고치기 위해서 바로바로 행동하는 습관을 기르고 있다. 집에 오면 즉시 손을 씻고 쓰레기도 바로 버린다. 앞으로도 노력해서 이 습관을 고칠 것이다.

예시답안 ❷

스트레스를 받으면 폭식을 하는 나쁜 습관이 있다. 폭식을 하면 밤에 잠도 잘 못 자고 살도 찌기 때문에 조금만 먹으려 노력하고 있다. 그리고 자기 전에 명상을 하며 생각을 비우고 있다.

예시답안 ❸

밤늦게까지 게임을 하는 나쁜 습관이 있다. 늦게 자면 다음날 피곤하기 때문에 정한 시간에 게임을 끝내려고 노력하고 있다. 그리고 밤에 게임을 하는 대신 책을 읽는 습관을 기르고 있다.

◆ 한국 생활의 힘든 점

	고	향	에	서	는		식	사	를		할		때		그	릇	을		손
에		들	고		먹	어	야		하	는	데		한	국	에	서	는		그
릇	을		상	에		놓	고		먹	어	야		해	서		힘	들	다	.
그	래	서		혼	자		밥	을		먹	을		때	도		그	릇	을	
들	지		않	고		먹	는		연	습	을		하	고		있	다	.	

아래와 같이 다른 답안도 쓸 수 있어요!

예시답안 ❶

한국에 처음 왔을 때 한국어를 몰라서 힘들었다. 특히 식당이나 카페에서 주문할 때 대화가 잘 안 돼서 어려움을 겪었다. 그래서 한국 드라마를 보면서 한국어를 열심히 공부하고 있다.

예시답안 ❷

매운 음식을 잘 먹지 못하는데 한국에는 매운 음식이 많아서 힘들었다. 하지만 한국에 오래 살다 보니 조금씩 매운 음식을 먹기 시작하여 이제는 친구들과 가끔 매운 음식을 먹으러 간다.

예시답안 ❸

문화적 차이를 느낄 때 힘들었다. 특히 한국의 식사 예절이나 인사 예절을 잘 몰라서 어려움이 있었다. 그래서 한국 드라마를 보거나 한국 친구들과 자주 어울리며 다양한 경험을 쌓고 있다.

◆ 내가 이루고 싶은 꿈

	나	는		한	국	의		다	양	한		전	통		문	화	를		경
험	하	고		싶	다	.		한	국	에	서		여	행	을		하	면	서
친	구	도		많	이		만	들	고		싶	다	.		그	래	서		나	중
에		외	국	인	들	이		한	국	에	서		잘		적	응	할		수
있	도	록		돕	는		일	을		하	고		싶	다	.				

아래와 같이 다른 답안도 쓸 수 있어요!

예시답안 ❶

나의 꿈은 통역사이다. 그 꿈을 이루기 위해서 지금 한국어를 열심히 공부하고 있다. 한국어 자격증을 따서 통번역 대학원에 입학해 더 공부한 후 한국과 캄보디아를 잇는 통역사가 될 것이다.

예시답안 ❷

나의 꿈은 한국과 베트남을 잇는 요리사이다. 그 꿈을 이루기 위해서 지금 한국 레스토랑에 취업했다. 한국 요리도 배우고 한국어도 열심히 공부해서 나의 고향에서 한국 식당을 열고 싶다.

예시답안 ❸

나의 꿈은 한국어 선생님이다. 꿈을 이루기 위해서 학교에서 한국어를 열심히 공부하고 있다. 한국어뿐만 아니라 한국 문화도 더 공부해서 고향에서 한국어와 한국 문화를 가르치고 싶다.

PART 4

종합평가 실전 모의고사

제1회 실전 모의고사

◆ 한국의 명절 정월 대보름

	정	월		대	보	름	은		가	장		밝	고		둥	근		보	름
달	이		뜨	는		날	로	,	다	섯		가	지		곡	식	을		넣
은		오	곡	밥	을		지	어		먹	는	다	.		나	쁜		기	운	이
나		재	앙	을		없	애	고	,		좋	은			기	운	을		불	러	들
인	다	는		의	미	가		있	다	.		그	리	고		한	국		사	람
들	은		정	월		대	보	름	에		달	맞	이	를		하	며		건
강	과		행	복	을		기	원	하	는		소	원	을		빈	다	.		일
부		지	역	에	서	는		달	집	을		만	들	어		태	우	면	서
나	쁜		기	운	을		쫓	고		새	해	에		좋	은		기	운	을
맞	이	하	는		의	식	을		진	행	한	다	.						

아래와 같이 다른 답안도 쓸 수 있어요!

예시답안 ❶

정월 대보름은 한 해에 뜨는 첫 보름달이라는 의미가 있다. 이날에는 쌀, 보리 등 다섯 가지 곡식을 뜻하는 오곡밥을 먹는다. 오곡밥에는 그 해의 곡식이 잘 자라기를 바란다는 의미가 있다. 그리고 대보름날 아침에는 호두, 은행, 땅콩 등 껍질이 딱딱한 부럼 깨기를 하는데 부럼을 깨물면 한 해 동안 각종 질병이 예방되고 치아가 튼튼해진다고 믿었다.

예시답안 ❷

정월 대보름은 매년 음력 1월 15일로 가장 큰 보름이라는 의미가 있다. 이날에는 찹쌀, 대추, 밤 등을 넣어 찐 약밥을 먹는다. 이날 아침에는 가장 먼저 만나는 친구의 이름을 부르고 친구가 대답을 하면 "내 더위 사 가라."라고 말하는 풍습이 있는데 이는 심한 더위를 피하고자 생긴 풍습이다. 또 한 해의 건강과 풍요를 비는 마음으로 달집태우기를 하기도 한다.

◆ 한국의 문화유산

	첨	성	대	는		삼	국		시	대	에		만	들	어	진	,	한	국
에	서		가	장		오	래	된		천	문	대	이	다	.		독	특	하	고
아	름	다	운		디	자	인	으	로	,		하	늘	과		별	을		관	찰
하	여		계	절	의		변	화	와		농	업	의		풍	흉	을		예
측	하	기		위	해		만	들	어	졌	다	.	신	라	의		왕	들	은
천	문	학	적		지	식	으	로		만	들	어	진		첨	성	대	를	
통	해		왕	권	을		강	화	하	고	자		했	다	.		그	래	서
첨	성	대	의		존	재	는		신	라		시	대	의		높	은		과
학		기	술	의		발	전	과		건	축		수	준	,	정	치	적	
상	징	을		나	타	내	는		중	요	한		문	화	유	산	이	다	.

아래와 같이 다른 답안도 쓸 수 있어요!

예시답안 ❶

한국의 문화유산 중 수원 화성은 정조 때 지어진 건축물이다. 수원 화성은 정약용이 만든 거중기로 벽돌을 옮겨 튼튼하게 쌓아 올린 성벽으로, 낮에는 연기를 피우고 밤에는 불을 피워 정보를 빠르게 전달할 수 있었다. 그리고 성벽 안에 다양한 방어 시설도 만들었다. 수원 화성은 뛰어난 과학적 특징과 아름다움을 인정받아 유네스코 세계문화유산으로도 등재되었다.

예시답안 ❷

한국의 문화유산 중 창덕궁을 소개하고 싶다. 태종 때 지어진 창덕궁은 유네스코 세계문화유산에 등재될 만큼 한국의 아름다운 궁궐이다. 특히 창덕궁 후원은 궁 안에 있는 정원인데 계절마다 다른 분위기를 느낄 수 있어서 아름다운 장소다. 또 창덕궁은 꽃과 나무를 심고, 연못을 만들어 자연과 잘 어울리며, 밤에 관람할 수 있는 프로그램도 있어 궁궐의 야경을 볼 수도 있다.

◆ 청년 실업

	한	국	의		청	년		실	업	률	이		높	아	지	는		이	유
는		학	교		교	육	과		회	사	의		직	무	가		일	치	하
지		않	기		때	문	이	다	.		많	은		청	년	이		대	학	에
진	학	하	지	만	,		대	학	에	서		배	운		내	용	과		실	제
회	사	에	서		하	는		일	이		일	치	하	지		않	아		취
업	할		때		어	려	움	을		겪	는		경	우	가		많	다	.
이	를		해	결	하	기		위	해	서		정	부	는		실	무		중
심	의		직	업		교	육		프	로	그	램	을		확	대	하	여
진	로	와		관	련	된		지	식	을		습	득	할		수		있	는
환	경	을		만	들	어		주	어	야		한	다	.				

아래와 같이 다른 답안도 쓸 수 있어요!

예시답안 ❶

최근 경제 불황으로 비정규직 일자리는 늘어나고 정규직 일자리는 줄면서 취업이 더 어려워졌다. 이렇게 청년 실업률이 계속 높아지면 일을 할 수 있는 사람이 줄어들어 국가 경제가 불안정해진다. 또 청년들이 취업하는 나이가 점점 높아지고 있어 정부에서 취업 나이를 낮출 수 있는 프로그램을 제공하거나, 일자리를 확대할 수 있는 정책을 시행해야 한다고 생각한다.

예시답안 ❷

한국은 좋은 대학과 좋은 직장을 중요하게 생각해 교육열이 높다. 그런데 많은 한국 청년이 좋은 직장을 원하기 때문에 취업은 점점 어려워지고 있다. 청년 실업이 증가하면 개인과 사회에 많은 비용을 발생시킨다. 이를 해결하기 위해서는 교육제도가 바뀌어야 한다. 학교 교육부터 사회생활에 필요한 교육을 실시하고, 실제 경험을 쌓을 수 있는 기회를 주어야 한다.

◆ 스마트폰의 사용과 생활 모습

나	는		궁	금	한		것	을		검	색	할		때		스	마	트
폰	을		사	용	한	다	.	스	마	트	폰	은		원	하	는		정	보
를		쉽	고		빠	르	게		찾	을		수		있	어	서		편	리
하	지	만		작	은		화	면	으	로		많	은		양	의		정	보
를		쉬	지		않	고		접	하	게		되	어	서		스	트	레	스
가		늘	고		시	력	이		나	빠	지	며		사	람	들		간	의
소	통	이		단	절	된	다	.	따	라	서		스	마	트	폰	을		사
용	할		때	는		스	마	트	폰		속		정	보	에		지	나	치
게		의	존	하	지		않	고		비	판	적	인		사	고	를		할
수		있	도	록		노	력	해	야		한	다	.						

아래와 같이 다른 답안도 쓸 수 있어요!

예시답안 ❶

나는 스마트폰으로 아이와 함께 영어 수업을 듣고 있다. 영어 선생님과 영상 통화를 하거나 퀴즈를 풀 때 스마트폰을 이용한다. 스마트폰이 있으면 다양한 콘텐츠와 정보에 쉽게 접근할 수 있다는 점은 좋지만, 인터넷에는 불확실한 정보도 많기 때문에 주의해야 한다. 그럼에도 불구하고 걸어 다니면서 공부를 하거나 책을 읽을 수 있다는 점에서 좋은 점이 더 많다고 생각한다.

예시답안 ❷

나는 길을 찾거나 대중교통을 이용할 때 스마트폰을 자주 사용한다. 만약 스마트폰이 없었다면 아직 한국어가 부족해서 길을 찾거나 대중교통을 이용하는 데 더 큰 어려움이 있었을 것이다. 스마트폰의 장점은 언제든지 보고 싶은 정보를 볼 수 있어서 편리하다는 점이다. 그러나 스마트폰에 의지를 많이 하게 되어 스마트폰이 없으면 아무것도 하지 못한다는 단점도 있다.

◆ 환경오염

	최	근		특	히		심	해	진		것	은		수	질	오	염	이	라
고		생	각	한	다	.	수	질	오	염	은		공	장	에	서		발	생
하	는		폐	수	와		사	람	들	이		생	활	하	며		발	생	하
는		생	활	하	수	에		물	이		오	염	되	는		것	이	다	.
이	것	은		도	시	에		많	은		사	람	이		살	면	서		자
연	적	인		배	수		시	스	템	이		이	를		감	당	하	지	
못	해	서		생	기	는		문	제	이	다	.	이	를		해	결	하	기
위	해	서	는		생	활	하	수	와		산	업		폐	수	를		처	리
할		수		있	는		시	설	을		늘	리	고	,		수	질	을	지
속	적	으	로		관	리	하	는		것	이		중	요	하	다	.		

아래와 같이 다른 답안도 쓸 수 있어요!

예시답안 ❶

최근 특히 심각해진 것은 대기오염이라고 생각한다. 대기오염은 황사와 미세 먼지 등 공기에 나쁜 물질이 섞이는 오염이다. 주로 공장, 자동차 매연처럼 생활 속에서 생기는 연기 때문에 발생하는데, 암과 심장병 등 사람들의 건강에 나쁜 영향을 준다. 이를 줄이기 위해서 가까운 거리는 걷거나 자전거를 이용하고, 사용하지 않는 전자제품의 플러그는 뽑아 에너지를 절약해야 한다.

예시답안 ❷

최근 특히 심각해진 것은 감각공해라고 생각한다. 감각공해는 사람의 시각, 후각, 청각을 자극해 나쁜 영향을 주는 빛공해, 소음 공해 등을 말한다. 이것은 도시가 발달하면서 생긴 것으로 스트레스, 수면장애 등 사람들의 건강에 나쁜 영향을 주고 자연 환경도 파괴한다. 이런 감각공해를 줄이기 위해서는 조명 사용을 줄이고 소음의 기준을 더 엄격하게 적용하는 정책이 필요하다.

좋은 책을 만드는 길, 독자님과 함께 하겠습니다.

2025 시대에듀 사회통합프로그램 중간평가·종합평가 작문시험 완전 정복

초 판 발 행	2025년 03월 31일 (인쇄 2025년 05월 20일)
발 행 인	박영일
책 임 편 집	이해욱
편 저	사회통합교육연구회
편 집 진 행	구설희 · 이영주 · 곽주영 · 김지수
표지디자인	조혜령
편집디자인	홍영란 · 김휘주
발 행 처	(주)시대고시기획
출 판 등 록	제10-1521호
주 소	서울시 마포구 큰우물로 75 [도화동 538 성지 B/D] 9F
전 화	1600-3600
팩 스	02-701-8823
홈 페 이 지	www.sdedu.co.kr

I S B N	979-11-383-8508-4(13300)
정 가	17,000원

※ 이 책은 저작권법의 보호를 받는 저작물이므로 동영상 제작 및 무단전재와 배포를 금합니다.
※ 잘못된 책은 구입하신 서점에서 바꾸어 드립니다.